高科技协同创新治理

乔玉婷 | 李志远◎著

High Tech Collaborative
Innovation Governance

经济管理出版社
ECONOMY & MANAGEMENT PUBLISHING HOUSE

图书在版编目（CIP）数据

高科技协同创新治理/乔玉婷，李志远著 . —北京：经济管理出版社，2023.9
ISBN 978-7-5096-9236-3

Ⅰ.①高… Ⅱ.①乔… ②李… Ⅲ.①高技术产业—研究 Ⅳ.①F264.2

中国国家版本馆 CIP 数据核字（2023）第 178448 号

组稿编辑：王光艳
责任编辑：王光艳
责任印制：许 艳
责任校对：徐业霞

出版发行：经济管理出版社
　　　　　（北京市海淀区北蜂窝 8 号中雅大厦 A 座 11 层　100038）
网　　址：www. E-mp. com. cn
电　　话：（010）51915602
印　　刷：北京市海淀区唐家岭福利印刷厂
经　　销：新华书店
开　　本：720mm×1000mm/16
印　　张：12.75
字　　数：258 千字
版　　次：2023 年 9 月第 1 版　　2023 年 9 月第 1 次印刷
书　　号：ISBN 978-7-5096-9236-3
定　　价：88.00 元

前　言

习近平总书记指出，"高端科技就是现代的国之利器。近代以来，西方国家之所以能称雄世界，一个重要原因就是掌握了高端科技"。国之利器，不可示人。大国博弈在很大程度上体现为技术上的颠覆与反颠覆、突袭与反突袭、抵消与反抵消。关键技术领域缺乏自主创新核心技术是我国面临激烈国际竞争的重要软肋。如何破局成为横亘在我们面前的一个突出问题。

本书从科研创新组织形式的角度提出，高科技协同创新是指各创新要素面向国家重大战略需求，以知识增值和重大科技创新为核心，通过创新各要素跨部门、跨领域、跨区域、跨行业的密切协同、互动整合，提升创新绩效，实现多维一体、协同推进、深度融合发展的创新组织形式。

一方面，高科技协同创新是对大科学时代发展科学技术的规律总结。现代重大科技创新要求走高科技协同创新道路，美国的曼哈顿工程、阿波罗计划是大科学时代协同创新的典型案例。中华人民共和国成立以来的"两弹一星"、载人航天、北斗卫星导航系统等重大工程都是开放协同、集中力量攻关的杰出代表。全球经济一体化趋势、"互联网+"时代的分布架构及开源创造使科技创新充分利用了横向力量，打破学科条块分割，突破区域和组织机构的界限。科技创新已经从封闭、离散向开放、协同转变。协同创新已成为提高自主创新能力的新型组织模式。

另一方面，高科技协同创新是我国聚焦解决"卡脖子"难题、尽快突破关键核心技术、抢占科技竞争和未来发展制高点的重要路径。这一路径对于实现全面建成社会主义现代化强国的第二个百年奋斗目标，以中国式现代化全面推进中华民族伟大复兴具有重要的现实意义。

本书构建了"核心要素—保障体系—评估测度"的研究框架以探讨高科技协同创新治理问题。核心要素包括重大项目推进、战略性新兴产业成长、区域协调发展、产业园区发展；保障体系包括人才支撑、金融支持和新型举国体制保障；核心要素和保障体系最终汇聚成高质量发展，最后评估测度高科技协同创新绩效。

本书适合作为经济管理类研究生、科技管理工作者的参考图书。

目　录

第一章

绪　论

第一节　研究背景

习近平总书记指出，"在激烈的国际竞争中，惟创新者进，惟创新者强，惟创新者胜"。"高端科技就是现代的国之利器。近代以来，西方国家之所以能称雄世界，一个重要原因就是掌握了高端科技。"①从科技创新史、世界各国发展经验、经济全球化以及信息技术特点多维视角来看，大国崛起呈现出"科技强国—经济强国—政治强国"的历史规律，创新驱动是国运所系、大势所趋、时势所为②。协同创新已成为当今世界科技创新活动的新趋势。美国硅谷诞生了以苹果、英特尔、惠普等为代表的一大批世界著名的高科技公司，这在很大程度上得益于硅谷所在区域的大学、科研机构、企业、中介组织的合作创新生态系统，以及该系统形成的科技力量整合、创新资源共享、创新人才集聚的创新模式——协同创新③。经济全球化趋势与"互联网+"时代的分布架构和开源创造使科技创新充分利用了横向力量，打破学科条块分割，突破区域和组织机构的界限。科技创新已经从封闭、离散向开放、协同转变。协同创新已成为提高自主创新能力的新型创新组织模式。

习近平总书记从协同创新方式、协同创新机制、协同创新平台、产学研协同

---

① 中共中央党史和文献研究室．习近平关于科技创新论述摘编［M］．北京：中央文献出版社，2018.

② 万钢．全球科技创新发展历程和竞争态势［J］．行政管理改革，2016（2）：11-16.

③ 陈劲．协同创新［M］．杭州：浙江大学出版社，2012.

创新、区域协同创新、军民协同创新、协同创新格局等方面进行了重要论述，表1-1对此进行了梳理。从习近平总书记关于协同创新的一系列重要论述可以看出，国家高度重视协同创新。

表1-1 习近平总书记关于协同创新的重要论述

时间	场合/出处	内容	备注
2013年3月	在参加全国政协十二届一次会议科协、科技界委员联组讨论时的讲话	要结合社会主义市场经济新条件，发挥好我们的优势，加强统筹协调，促进协同创新，优化创新环境，形成推进创新的强大合力。对一些方向明确、影响全局、看得比较准的，要尽快下决心，实施重大专项和重大工程，组织全社会力量来推动	中国特色自主创新道路最大的优势是社会主义制度能够集中力量办大事。这是我们成就事业的重要法宝，过去我们搞"两弹一星"等靠的是这一法宝，今后我们推进创新跨越也要靠这一法宝
		要认真落实《国家中长期科学和技术发展规划纲要》，加快推进重大科技专项实施，加强原始创新、集成创新和引进消化吸收再创新，更加注重协同创新，努力取得基础性、战略性、原创性的重大成果	—
2013年11月	在视察国防科学技术大学时强调	要加强自主创新团队建设，搞好科研力量和资源整合，健全同高校、科研院所、企业、政府的协同创新机制，最大限度发挥各方面优势，形成推进科技创新整体合力	随着科学技术不断发展，多学科专业交叉群集、多领域技术融合集成的特征日益凸显，靠单打独斗很难有大的作为，必须紧紧依靠团队力量集智攻关
2014年6月	在中国科学院第十七次院士大会、中国工程院第十二次院士大会上的讲话	要准确把握重点领域科技发展的战略机遇，选准关系全局和长远发展的战略必争领域和优先方向，通过高效合理配置，深入推进协同创新和开放创新，构建高效强大的共性关键技术供给体系，努力实现关键技术重大突破，把关键技术掌握在自己手里	—
		要让市场在资源配置中起决定性作用，同时要更好发挥政府作用，加强统筹协调，大力开展协同创新，集中力量办大事，抓重大、抓尖端、抓基本，形成推进自主创新的强大合力	在推进科技体制改革的过程中，我们要注意一个问题，就是我国社会主义制度能够集中力量办大事是我们成就事业的重要法宝。我国很多重大科技成果都是依靠这个法宝搞出来的，千万不能丢了！

续表

时间	场合/出处	内容	备注
2014 年 8 月	在中央财经领导小组第七次会议上的讲话	科技部要会同相关部门加快研究提出创新驱动发展顶层设计方案，全面分析影响创新驱动发展的体制机制因素，以建设创新型国家为目标，在构建国家创新体系特别是保护知识产权、放宽市场准入、破除垄断和市场分割、建设协同创新平台、加大对创新型小微企业支持力度、完善风险投资机制、财税金融、人才培养和流动、科研院所改革等方面提出管长远的改革方案	—
2015 年 3 月	在参加十二届全国人大三次会议上海代表团审议时的讲话	要注重突破制约产学研用有机结合的体制机制障碍，突出市场在创新资源配置中的决定性作用，突出企业创新主体地位，推动人财物各种创新要素向企业集聚，使创新成果更快转化为现实生产力。要推进协同创新，健全创新服务支撑体系，加强知识产权运用和保护，维护好公平竞争的市场秩序	现在，科技成果转化不顺不畅问题突出，一个重要症结是科研成果封闭自我循环比较严重，必须面向经济社会发展主战场，围绕产业链部署创新链，消除科技创新中的"孤岛现象"
2015 年 12 月	在中央城市工作会议上的讲话	要加强创新合作机制建设，构建开放高效的创新资源共享网络，以协同创新牵引城市协同发展	—
2015 年 10 月	关于《中共中央关于制定国民经济和社会发展第十三个五年规划的建议》的说明	当前，我国科技创新已步入以跟踪为主转向跟踪和并跑、领跑并存的新阶段，急需以国家目标和战略需求为导向，瞄准国际科技前沿，布局一批体量更大、学科交叉融合、综合集成的国家实验室，优化配置人财物资源，形成协同创新新格局	国家实验室已成为主要发达国家抢占科技创新制高点的重要载体，诸如美国阿贡、洛斯阿拉莫斯、劳伦斯伯克利等国家实验室和德国亥姆霍兹研究中心等，均是围绕国家使命，依靠跨学科、大协作和高强度支持开展协同创新的研究基地
2016 年 5 月	在全国科技创新大会、两院院士大会、中国科协第九次全国代表大会上的讲话	这样的国家实验室，应该成为攻坚克难、引领发展的战略科技力量，同其他各类科研机构、大学、企业研发机构形成功能互补、良性互动的协同创新新格局	要以国家实验室建设为抓手，强化国家战略科技力量，在明确国家目标和紧迫战略需求的重大领域，在有望引领未来发展的战略制高点，以重大科技任务攻关和国家大型科技基础设施为主线，依托最有优势的创新单元，整合全国创新资源，建立目标导向、绩效管理、协同攻关、开放共享的新型运行机制，建设突破型、引领型、平台型一体的国家实验室

续表

时间	场合/出处	内容	备注
2017 年 3 月	在十二届全国人大五次会议解放军代表团全体会议上的讲话	开展军民协同创新，推动军民科技基础要素融合	—
2018 年 5 月	在中国科学院第十九次院士大会、中国工程院第十四次院士大会上的讲话	着力推动经济建设和国防建设融合发展，深化国防科技工业体制改革，提高军民协同创新能力，完善军民协同创新机制	—
2018 年 9 月	在全国教育大会上的讲话	要深化办学体制和教育管理改革，充分激发教育事业发展生机活力。要提升教育服务经济社会发展能力，调整优化高校区域布局、学科结构、专业设置，建立健全学科专业动态调整机制，加快一流大学和一流学科建设，推进产学研协同创新，积极投身实施创新驱动发展战略，着重培养创新型、复合型、应用型人才	—
2019 年 1 月	在省部级主要领导干部坚持底线思维着力防范化解重大风险专题研讨班开班式上的讲话	要加强重大创新领域战略研判和前瞻部署，抓紧布局国家实验室，重组国家重点实验室体系，建设重大创新基地和创新平台，完善产学研协同创新机制	科技领域安全是国家安全的重要组成部分。要加强体系建设和能力建设，完善国家创新体系，解决资源配置重复、科研力量分散、创新主体功能定位不清晰等突出问题，提高创新体系整体效能。要加快补短板，建立自主创新的制度机制优势
2021 年 3 月	《中华人民共和国国民经济和社会发展第十四个五年规划和 2035 年远景目标纲要》	深化军民科技协同创新，加强海洋、空天、网络空间、生物、新能源、人工智能、量子科技等领域军民统筹发展，推动军地科研设施资源共享，推进军地科研成果双向转化应用和重点产业发展	—

资料来源：笔者根据相关资料整理。

目前，高科技协同创新实践不断丰富。党的十八大以来，我国通过协同攻关，成功实施了载人航天及探月工程、北斗卫星导航系统、"天河二号"超级计算机系统、高分辨率对地观测系统、"快舟"卫星发射系统、量子通信卫星等一批科技重大项目和工程；建设了一批以中关村国家自主创新示范区为代表的高科技协同创新科研机构、技术创新基地、科技园区等载体和平台，探索建立了产学研协同创新、区域协同创新的路径和模式；修订了《中华人民共和国促进科技成果转化法》，全面实施知识产权战略，为高科技协同创新和产业化发展提供了有力支撑。同时，高等学校、科研院所、高技术企业等各类创新主体积极实践高科技协同创新并取得了较好成效。但是，也应清醒地看到，高科技协同创新缺乏顶层设计和宏观统筹，相关部门的组织管理、工作运转等缺乏协调联动，高科技协同创新体系有待建立；科技规划与计划、基础资源共享等缺乏有效衔接，高科技协同创新能力有待加强。

高科技协同创新交汇了创新驱动发展战略、科教兴国战略等国家战略。高科技协同创新，难在协同，贵在协同。高科技协同创新涉及跨部门、跨领域、跨区域、跨行业的各创新主体，它们如何通过协同创新获得"合作剩余"和社会福利的改进？相关运行机制有哪些？如何进行机制设计？在地理空间上，高科技协同创新涉及各种组织的空间聚集，如产业集群、园区、区域经济带等构成的复杂协同创新网络，它们的运行规律是什么？有哪些模式？绩效如何？本书尝试从理论上较为系统地研究这一系列问题。

第二节　基本概念界定

一、创新

"创新"是本书研究的原概念，对"创新"的准确理解是研究高科技协同创新的前提和基础。熊彼特是对创新理论有重要贡献的学者，他用"生产函数"表示生产要素组合的主要特征，认为静态经济是没有演化和发展的，经济发展必须打破固定的生产函数，建立新的生产函数，即生产条件和要素进行新的组合。他将创新分为五类，分别为制造新产品、采用新的生产方法、开辟新市场、掠取或控制原材料或半制成品的一种新供应来源和实现任何一种工业的新的组织。在《经济发展理论》的前言中，熊彼特明确指出他的创新理论源于马克思的创新思想，将早期的创新研究追溯到马克思，强调了他与马克思在研究方法上的相似之处，指出"这些思想和目的正是马克思的学说中所蕴含的"[1]。西方著名经济学家保罗·斯威齐指出，熊彼特的创新理论是用生产技术和生产方法的变革解释资本主义的基本特征和经济发展过程，这与马克思的理论有惊人的相似之处[2]。马克思

---

① 约瑟夫·熊彼特. 经济发展理论 [M]. 何畏，等译. 北京：商务印书馆，2011.
② 保罗·斯威齐. 资本主义发展论 [M]. 陈观烈，秦亚男，译. 北京：商务印书馆，1997.

和熊彼特都遵循德国经济学传统，都有着深厚的德国历史学派理论背景，都继承了典型的德国式的生产力推动社会变迁的观点。对技术重要性、创新和学习的强调，是德国经济学传统中一条强有力的理论主线，这些特点也把马克思和熊彼特联系在一起（埃里克·S.赖纳特，2007）。可以说，熊彼特的创新思想与马克思和德国历史学派一脉相承。

有学者认为，马克思的创新思想主要体现在技术创新和制度创新两个方面。马克思的创新思想不仅是熊彼特创新理论的思想源泉，还在很大程度上影响了以诺斯为代表的制度创新学派。马克思的创新思想从经济社会发展整体视角出发，认为技术自身的发展需求和科学的技术应用促进技术的持续创新，从而推动生产力发展，而持续的制度创新为生产力的不断提高提供制度保障，技术创新和制度创新的共同作用推动经济发展（崔泽田，2012）。国内学者从创新主体、创新发展观、创新综合性、创新目标、创新模式和创新的理论空间及哲学基础六个方面对比分析马克思与熊彼特的创新思想，得出了"从整个人类认识史看，马克思是创新理论的源头，而熊彼特是20世纪初起重要作用的思想家。熊彼特提出了比较具体的创新理论，在某些方面发挥了马克思的创新思想，甚至超过了马克思。但总体而言，在哲学高度上，马克思的理论空间更广阔，思维更深刻"的结论（汪澄清，2001）。国内外学者大多以熊彼特的创新理论为标尺对马克思的创新思想进行研究，但缺乏系统性，侧重于从"创新与经济增长"这一经济学范式研究马克思的创新思想。事实上，马克思认为创新不仅是经济发展的动因，还是减少工业和生活废物的有效手段，是推动社会进步和人的全面发展的根本途径（刘红玉、彭福扬，2009）。

此后，创新理论的主流发展依然延续了熊彼特的基本观点和理论。在熊彼特创新理论的基础上，学术界结合演化经济学、复杂性科学、系统理论发展形成了跨学科理论体系的新熊彼特增长理论，代表人物主要有Romer（1986）、Aghion和Howitt（1992、1998）、Nelson和Winter（1982）、Lucas（1988）。新熊彼特增长理论在有限理性、创新机制、突破原有条件限制的前提下，突出量变到质变、动态非均衡和产业经济分析，构成了对产业、金融、公共部门及其相互关系和作用的理论基本框架（颜鹏飞、汤正仁，2009）。国内有学者提出，创新是以新思维、新发明和新描述为特征的一种概念化过程，包括更新、创造新的东西和改变三层含义（陈劲，2012）。科技创新包括科学、技术和创新。科学是对自然客观规律的探索，是基于人类好奇心的新知识的发现，如牛顿力学、相对论；技术是改造世界的方法、手段和过程，以技术发明和基于科学知识的不断升级为代表，如从白炽灯、荧光灯到半导体照明的发明、升级和演进；创新是生产的关键要素和生产条件的"新组合"引入生产体系、形成新产品、开拓新市场、培育新产业和新业态的过程，如智能手机、互联网的商业化过程（万钢，2016）。

综上所述，理解创新这一概念，要追溯马克思、熊彼特的创新思想，从创新对生产力和生产关系、经济基础和上层建筑改变的高度理解。创新是改变旧的生产函数，建立一种新的生产函数，通过科学创新和技术创新推动生产力的进步，通过制度创新推动生产关系的改变，通过观念创新促使人们思想的解放，最终实现社会进步和人的全面发展。在地理空间上，创新可分为企业创新、集群创新、区域创新、国家创新等；在科技活动创新链上，创新可分为知识创新、技术创新、产业创新、制度创新等；在创新的组织形式上，创新可分为自主创新（在我国包括原始创新、集成创新、消化吸收引进再创新[①]）、协同创新等。

二、协同创新

在分析"创新"这一原概念的基础上，我们进一步探讨协同创新。协同创新是创新的一种组织形式。20 世纪 70 年代初，德国理论物理学家赫尔曼·哈肯创立了协同学，认为一个由许多子系统构成的系统，如果子系统之间互相配合产生协同作用和合作效应，系统便处于自组织状态，在宏观和整体上则表现为一定的结构或功能。协同创新创造价值。

国内外学者对协同创新的概念有不同的界定。Gloor 等（2003）提出，协同创新是由自我激励人员组成的网络小组形成集体愿景，利用网络交流思路、信息及工作状况，通过合作实现共同的目标。协同创新是组织内部形成的知识分享机制，由浅到深存在一个"光谱"，即各方达成一般性资源共享协议、实现单个或若干项目合作、开展跨机构多项目协作、建立网络联盟和战略联盟等（张力，2011）；协同创新是以知识增殖为核心，企业、政府、研究机构、中介机构和用户为实现重大科技创新而形成的多元主体协同互动与整合的创新组织模式（陈劲，2012）；协同创新是不同创新主体知识交互、转换、积累、再创造的过程（Wang，2012）；从复杂网络理论来看，协同创新是指通过系统内各主体的相互协作和各要素的自由流动完成技术创新的过程（刘丹和闫长乐，2013）。

可以从整合和互动两个维度来分析协同创新（Serrano and Fischer，2007）：整合维度主要包括知识、资源、行动、绩效，互动维度主要包括各创新主体间的互惠知识共享、资源配置优化、行动最优同步和系统的匹配度。相对于协同创造和产学研创新，协同创新是一项更为复杂的创新组织方式，其关键是形成以大学、企业、研究机构为核心要素，以政府、金融机构、中介组织、创新平台、非营利性组织为辅助要素的多元主体协同互动的网络创新模式，通过知识创造主体和技

---

① 游光荣，柳卸林. 自主创新的内涵与类型［J］. 国防科技，2007（3）：23-25.

术创新主体间的深入合作和资源整合，产生"1+1+1>3"的非线性效用。从广义角度来看，协同创新是科技、经济、教育协同新范式①。

从各主体来看，协同创新可以分为政府主导、高校主导、科研机构主导、平台主导、企业主导等模式；从合作契约方来看，可分为战略联盟、技术转让、技术许可、联合攻关、委托研究、共建科研基地、内部一体化、人才联合培养等模式②；从交易成本视角来看，又可分为技术入股、紧密合作、提成支付、技术接力等模式③。

三、创新治理

"治理"一词来源于公共管理领域。全球治理委员会对于"治理"的定义为：各种公共的、私人的机构和个人管理共同事务诸多方式的总和。它是使不同甚至相互冲突的利益得以调和并且采取联合行动的持续过程。2001 年，欧盟委员会发布的《欧洲治理白皮书》将"治理"界定为影响权力运行方式的规则、过程和行为，并将其视为各种制度之间相互关联所构成的整体。世界银行同样强调治理活动的整体性，将"治理"定义为"由国家/政府权力运行的规则和制度所组成的集合"（Kaufmann et al.，2010）。治理与行政、政府、国家等范畴有着天然的联系，按照活动所覆盖范围又可以分为公司治理、社会治理、国家治理和全球治理。

学者将公共管理领域的"治理"概念引入科技创新领域。Boekholt 和 Arnold（2002）提出，科技创新治理是国家治理的重要内容之一，其核心目标是借助相关的规则、制度厘清创新主体之间的关系，从而促进科技创新。俞可平（2014）提出，科技创新治理是国家治理体系的重要组成部分。孙福全（2014）认为，在从科技管理向创新治理转变的过程中，转变的内容主要包括以控制为中心的管理理念转为以协调为中心的治理理念，从政府作为唯一的管理者向多元化主体共同参与治理转变。陈套（2015）提出，创新治理是新公共管理中"治理"的理念、结构和模式在科技公共管理中的运用，包括建设创新治理体系和提升创新治理能力两个核心概念。吴金希等（2015）提出了科技治理体系现代化的概念，它是指为实现科技创新可持续性发展，与创新相关的政府、企业、大学、科研院所、个人、社会团体等多利益主体之间协同、合作、交流、互动，使科技创新相关制度

---

① 陈劲. 协同创新 [M]. 杭州：浙江大学出版社，2012.

② 许庆瑞，郑刚，陈劲. 全面创新管理：创新管理新范式初探——理论溯源与框架 [J]. 管理学报，2006（2）：135–142.

③ 李一然. 协同创新的金融支持研究 [D]. 上海：上海交通大学，2015.

体系和治理过程逐步实现法治化、科学化、民主化和文明化的过程。张仁开（2016）提出，我国在科技体制改革方面经历了由政府主导的"科技（研发）管理"到发挥市场基础性作用的"创新管理"，再到发挥市场决定性作用的"创新治理"的转变。"参与"、"协商"和"合作"是创新治理的关键词。蔡跃洲（2021）提出，数字时代要进行科技创新治理的数字化转型，完善新型举国体制，致力于将中国共产党领导的集中力量办大事举国体制、市场资源配置机制、数字技术及数据要素三方面优势进行整合，特别要做好数据交互机制、数据汇集平台等的基础性工作。

四、高科技协同创新治理

在科技创新领域，高科技协同创新治理就是要打破科技创新系统之间相互隔离的格局，通过创新系统跨部门、跨领域、跨区域、跨行业的协同创新获得"合作剩余"和社会福利的改进。从科研创新组织形式的角度来看，高科技协同创新是指各创新要素（包括企业、政府、研究机构、中介机构和用户）面向国家重大战略需求，以知识增殖和重大科技创新为核心，通过各创新主体跨部门、跨领域、跨区域、跨行业的密切协同互动与整合提升创新绩效的创新组织形式（乔玉婷等，2015）。通过高科技协同创新，能够实现技术、基础设施、人才等要素的融合，建设良性互动、层次优化、布局合理的高科技协同创新体系，最终实现经济高质量发展。

从上述对创新、协同创新、创新治理和高科技协同创新治理的论述中可看出，协同创新是促进科技创新的路径之一，此外，还包括自主研发等路径。协同创新这一概念侧重于创新体系的融合、兼容、协调。高科技协同创新则更侧重于协同，包括从战略规划协同、重大项目牵引、成果双向转化、资源共享共用到生态支持保障的全方位密切协同配合。

第三节　国内外研究现状

一、协同创新相关理论的研究

经济全球化的发展趋势和大科学的时代特征，决定了协同创新必将成为建设创新型国家和提高自主创新能力的全新创新组织模式。国家自主创新能力的提升并非企业、大学和科研机构各创新主体能力要素的简单叠加，而是有赖于各类互补性要素之间的协同与整合优化。截至 2023 年 4 月，在中国知网上以"协同创新"为主题词进行检索，获得了 4.19 万条查询结果。其中，期刊文献 3.22 万条，硕博论文 3236 条。

（一）协同创新模式、机制、路径等定性研究

熊励等（2011）从企业内部和外部两个方面对协同创新进行研究综述。何郁冰（2012）探讨了产学研协同创新模式。许彩侠（2012）在分析"创新驿站"技术转移模式的基础上，提出了"四位一体"的区域协同创新机制。刘丹和闫长乐（2013）从网络特性与生态系统的视角分析复杂网络环境下协同创新的系统构造与运行机理。姚艳虹和夏敦（2013）认为，协同剩余是协同创新的动力来源，分析了创新资源、创新协同度与协同环境等因素对协同剩余形成的影响，并构建协同剩余的形成机理模型。解学梅等（2015）把企业协同创新模式分为专利和技术服务购买、技术引进、委托研发、创新要素共享和转移、产业/技术/知识联盟、产学研合作、网络组织、创新平台、人才流动等形式。俞立平和钟昌标（2016）把协同创新的模式归纳为发达国家产学研合作创新模式、政府主导的军事协同创新、政府牵头的共性技术协同创新和企业协同创新。

（二）协同创新绩效研究

万幼清和邓明然（2007）通过分析知识重组过程中影响产业集群协同创新绩效的因素建立产业集群协同创新绩效模型。解学梅（2010a）运用结构方程模型探讨企业与中介组织、研究组织和政府等协同创新网络与企业创新绩效的关系。贺灵等（2012）运用协同度模型测量省级区域创新网络要素间的协同能力及创新绩效。林润辉等（2014）以国家工程技术研究中心为例，实证研究协同创新网络、法人资格与创新绩效的关系。白俊红和蒋伏心（2015）分析了协同创新与空间关联对区域创新绩效的影响。解学梅和徐茂元（2014）、解学梅等（2015）研究了协同创新机制、协同创新氛围、协同模式对协同创新绩效的影响。吴翌琳（2019）设计了协同创新的主体维度、产业维度、要素维度三大维度 12 要素构成的协同创新指标体系，运用指数测度法对国家、区域、企业的协同创新绩效进行评估。高少冲和丁荣贵（2018）构建了以组织网络特征为调节变量的首席专家项目匹配度与协同创新绩效关系的模型，研究首席专家项目匹配度、组织网络特征与协同创新绩效。芮正云和罗瑾琏（2019）引入关系契约与互惠规范的概念，构建了"联盟粘性—合作绩效"模型实证分析得出联盟粘性对关系绩效和任务绩效的影响，以及互惠规范能够正向调节联盟粘性与表达型、工具型关系契约间的作用关系的结论。

（三）产学研协同创新研究

从20世纪90年代开始，较多学者研究了产学研合作的动因及影响因素、组织模式与治理机制、组织间关系及演变、交易成本和制度安排、效果评价等。目前，学术界在以下四个方面取得了丰硕的研究成果：一是产学研协同创新的概念、机理、动因及模式选择，二是产学研协同创新中的技术特性与知识管理，三是产学研协同创新的地理因素、制度环境及政府行为，四是产学研协同创新的效率评价及影响因素。在产学研协同创新绩效评估方面，Fan和Tang（2009）从环境、投入、产出、合作机制和效应等方面建立了产学研技术协同创新绩效评价指标体系，并运用模糊积分法对中国产学研技术合作创新进行了评价。Pan（2008）设计出校企协同创新的风险评估指标体系，并利用风险矩阵和蒙特·卡洛模拟方法评估校企协同创新的风险水平。吴荣斌（2012）采用层次分析法（AHP）和灰关联分析（GRA）评估了科研机构与高校的知识创新协同。李林和袭勇（2014）从协同创新合作伙伴配合度、协同创新能力和机制三方面建立攻关项目协同创新绩效评估指标体系。刘友金等（2017）以长江经济带11省市为例，研究了产学研协同创新对地区创新绩效的影响。王帮俊和赵雷英（2017）采用扎根理论分析了产学研协同创新绩效。郝向举和薛琳（2018）引入模糊集定性比较分析，改进了基于对称性假设进行绩效测度的方法，进行产学研协同创新绩效研究。

（四）区域协同创新研究

解学梅（2010b）基于协同学和博弈论分析了都市圈技术创新"孤岛效应"的内在机理，认为协同困境根源于城际相互信任和协同机制的缺乏、协同激励的不足和惩罚机制的缺失。贺灵等（2012）运用协同度模型从要素素质、互动和环境三个角度测量了各省级区域创新网络要素间的协同能力及其对该地区科技创新绩效的影响。陈浩等（2013）以欧洲创新工学院KICs模式为例，分析基于知识三角的区域协同创新联盟。刘志华等（2014）从投入要素、协同过程、协同产出和协同影响要素四个方面构建区域科技协同创新绩效评价指标体系，提出基于云理论的区域科技协同创新绩效评价模型。李林等（2015）采用能够避免评价信息损失的二元语义模型，构建区域科技协同创新绩效评价指标体系。鲁继通（2015）基于复合系统协同度模型，评价了京津冀区域协同创新能力。赵增耀等（2015）构建了知识创新和产品创新两阶段非合作博弈的创新效率评价方法，将空间溢出和价值链溢出纳入统一的分析框架中检验中国区域创新效率的多维溢出效应。刘和东和陈雷（2019）测度了区域协同创新效率，基于静态和动态空间面板模型对关键影响要素的影响效应进行了实证分析。

（五）集群协同创新研究

张哲（2008）构建了产业集群内企业创新的协同学模型，并利用数据包络分析（DEA）和 BP 神经网络模型评价集群协同创新绩效。解学梅和曾赛星（2009）从协同理论视角梳理了创新集群跨区域协同在影响因素、网络机制、网络构建等方面的研究进展。张琼瑜（2012）研究了高新技术产业集群协同创新网络与创新绩效。万幼清和张妮（2014）对产业集群协同创新能力评价指标体系与模型进行了综述。侯光文（2019）认为，企业网络中的网络质量、网络强度、网络权力和网络稳定性对协同创新绩效有显著的正向影响，实证分析了企业网络对航天产业集群协同创新绩效的影响。倪渊（2019）构建了一个具有中介的双调节效应模型，分析核心企业网络能力对集群协同创新的影响。

协同创新已经受到国内外学者的广泛关注。2013 ～ 2016 年，协同创新网络、产业集群、产学研合作、创新产业模式是研究热点。近年来，长三角一体化协同创新、京津冀协同创新、粤港澳大湾区协同创新成为研究热点。但是，现有研究在研究对象上主要集中于区域、产业集群和产学研协同创新，较少将产业、园区、重大项目等领域的科技创新系统纳入分析框架进行综合分析。在研究手段和方法上，缺乏微观层面的实证研究及对协同创新能力和效率进行测度的定量研究。同时，多学科交叉研究尚未深入，大多局限于创新管理理论本身，较少将经济学博弈论、耗散结构理论、系统科学理论、生态学理论等纳入研究中。

二、科技创新治理相关理论的研究

（一）科技创新治理的内涵和外延

Klaus 和 Philipp（2006）提出，科技治理指的是科技政策领域所涵盖的共存形式的社会事务，包括民间社会自律、公私问题调节和政府权威监管等方面。Irwin（2006）认为，科技治理并不是只限于公共管理领域的一个新范式，而是一种新的对公民、科技与社会三方关系的再定位，是政府、科学团体与公众之间的直接对话与交流。俞可平（2014）提出，科技创新治理是国家治理体系的重要组成部分。孙福全（2014）提出，要加快实现科技管理向创新治理的转变，具体包括从以控制为中心的管理理念向以协调为中心的治理理念转变，从政府作为唯一的管理者向多元化主体共同参与的质量转变，从计划管理和政策管理向多手段治理转变。陈套（2015）从主体、理念、对象、工具、结构和模式等方面比较了科技管理和创新治理的差异。陈喜乐和朱本用（2016）对 2006 ～ 2016 年国外科技治理的相关研究进行了综述，总结了国外学者在科技治理模式、机制建设、政策工具等方面取得的经验和教训。蔡跃洲（2021）梳理了党领导的科技创新治理和数字化转型的历史，提出数字经济时代要构建数据驱动的新型举国体制。

（二）科技治理模式研究

曾婧婧和钟书华（2011）提出，国际科技治理可分为基于研发的科技治理模式和基于贸易的科技治理模式，国内科技治理可分为中央与地方政府间纵向科技治理模式、地方间政府横向科技治理模式以及多主体间网络化科技治理模式。Sharif（2012）认为，在日本和韩国的科技体制/创新治理体系中，日本通产省（通商产业省）和韩国科技部在协调各方利益、推动实施重大项目、实现以牺牲短期利益换取长期发展方面发挥了关键性作用。政府主导重大事项及资源分配的科技体制得以有效运行，与日本、韩国重视科教、"集体利益高于个人利益"等创新文化有关，难以被其他国家简单复制。Von Schomberg（2013）提出，责任式创新是一种新型科技治理模式，创新者和社会行动者充分关注创新过程及其产品的伦理可接受性、可持续性和社会满意性。孙福全（2014）梳理了英国、法国、德国、美国、日本、韩国的科技治理历程和发展模式。薛桂波和赵一秀（2017）提出，用责任式创新框架，从价值定位、学科协作、决策转型和制度整合等方面对科技治理范式进行重构。唐士亚（2022）将 2007 年以来我国的金融科技治理模式分为包容性治理模式（2007～2015 年）、运动式治理模式（2016～2018 年）和合作型治理模式（2019 年至今）三个阶段。

（三）科技治理路径对策研究

国外科技治理模式分为多中心治理模式和多层级治理模式两种。Kuhlmann 和 Edler（2003）认为，在欧盟（欧洲联盟）范围内，科技政策制定主体不再是国家，而多元主体的跨区域、跨国科技合作成为各国乃至欧盟科技政策的重要组成部分。Bevir（2006）提出了多中心网络化治理模式。Ansell 和 Gash（2008）提出了多中心治理模式。Crespy（2007）研究了法国多层级治理模式。曾婧婧和钟书华（2009，2011）从国际和国内视角梳理了科技治理工具。其中，国际科技治理工具包括国家法律、嵌套性规则、监管式自治、规则转移、联合规则、相互认可与调试等；国内科技治理工具包括结构式控制工具、合同式诱导工具和互动式影响工具，并提出省部科技合作是一种从国家科技管理迈向"国家—区域"科技治理的路径，应构建"垂直省部、水平跨越、公私合作"的科技治理网络。赵志耘和李芳（2023）提出，新时代中国特色科技治理推进的三个方向为创新加速、赋能加速和风险防范，并提出在治理体系结构设计上要包括科技创新生态治理系统、科技风险监测预警和防范系统、科技人才引进培养系统和国际科技合作治理系统，通过运行机制和治理工具的设计完善来重塑各主体的利益关系。

综上所述，有关协同创新的研究数量颇多，对科技治理的研究也已相当深入，但在两者的结合上学术界的研究还不够充分，具体表现在：一是研究深度不够，以零星的"思想火花"、单一的定性分析为主，还没有深入高科技协同创新的理论机理、影响因素、方法路径、思路举措等基础理论和实践问题中，缺乏定量研究；二是研究方法较为单一，大多从单一学科角度出发，缺少多学科交叉融合的视角，与问题的复杂性不匹配。

第四节 研究意义与方法

一、研究意义

本书运用协同学理论、产业组织理论以及交易费用理论研究高科技协同创新是什么，高科技协同创新与重大项目建设、战略性新兴产业成长、区域协调发展、产业园区高质量发展的关系如何，高科技协同创新的保障政策是什么，高科技协同创新如何推动高质量发展，高科技协同创新绩效如何等问题，对完善协同创新理论、创新治理理论和更好地推进高科技协同创新具有重要的意义。

（一）理论意义

1. 本书构建起了高科技协同创新治理的"核心要素—保障体系—评估测度"研究框架，进一步完善科技治理理论

在这一研究框架中，高科技协同创新是把其他体系都串联起来的主线。核心要素包括高科技协同创新与重大项目建设、战略性新兴产业成长、区域协调发展以及园区高质量发展。外围支撑包括人才支撑、金融支持、新型举国体制保障和绩效评估。高科技协同创新面向国家两用重大战略需求，以知识增殖和重大科技创新为核心，通过创新各要素跨部门、跨领域、跨区域、跨行业的密切协同、互动整合，提升创新绩效，实现多维一体、协同推进、深度融合的发展格局，最终实现高质量发展。

2. 本书进一步完善了协同创新理论

自 Gloor 等（2003）提出协同创新概念以来，相关学者对协同创新内涵、路

径、模式等进行了定性探讨，并运用协同度模型等定量分析协同创新绩效，但尚未将军队和地方的创新资源纳入统一的分析框架。本书较系统地研究了高科技协同创新问题，将军队和地方的创新资源纳入统一的分析框架，是对协同创新理论的进一步完善。

（二）实践意义

1. 高科技协同创新是大科学、大工程时代发展科学技术的规律总结

一方面，现代重大科技创新要求必须走高科技协同创新道路。美国的曼哈顿工程、阿波罗计划是大科学、大工程时代协同创新的典型案例。1942 年 6 月开始实施的曼哈顿工程历时 3 年，耗资 20 亿美元，共动员 15 万人。1961 年启动的阿波罗计划涉及上百个研究机构、120 所大学、2 万多家企业、30 万人，历时 11 年，耗资 255 亿美元。中华人民共和国成立以来的"两弹一星"、载人航天、北斗卫星导航系统等重大工程都是开放协同、集中力量攻关的杰出代表。习近平总书记指出："在推进科技体制改革过程中，我们要注意一个问题，就是我国社会主义制度能够集中力量办大事我们成就事业的重要法宝。我国很多重大科技成果都是依靠这个法宝搞出的，千万不能丢了！要让市场在资源配置中起决定性作用，同时要更好发挥政府作用，加强统筹协调，大力开展协同创新，集中力量办大事，抓重大、抓尖端、抓基本，形成推进自主创新的强大合力。"[①]另一方面，科技创新、科技治理规律要求必须走协同创新道路。自 20 世纪 90 年代以来，以电子计算机技术为核心的信息技术群和人工智能技术群、以遗传工程为代表的生物技术群、以复合材料和耐高温材料为代表的新材料技术群、新能源技术群和空间技术群等高新技术迅猛发展。这些新技术群通用性强，通过高科技协同创新推进技术创新是顺应高新技术发展规律的题中之义。

2. 高科技协同创新是统筹发展和安全的高质量发展的必然要求

党的二十大报告指出，高质量发展是全面建设社会主义现代化国家的首要任务，对于实现"两个一百年"奋斗目标和中华民族伟大复兴的中国梦具有重要的现实意义。一方面，高科技协同创新促进高质量发展。高科技协同创新推动经济发展方式转变、经济结构优化和增长动力转换，从而促进高质量发展。它的核心就是要使市场在资源配置中起决定性作用和更好发挥政府作用，实现有效市场和有为政府的结合，通过高科技协同创新管理体制、运行机制和法律法规等改革激发协同创新活力和潜能，提高劳动、资本、土地、知识、技术、管理、数据等要素的效率和效益。另一方面，以高科技协同创新保障科技安全，坚持总体国家安

---

① 中共中央文献研究室．习近平关于科技创新论述摘编［M］．北京：中央文献出版社，2016.

全观，构建起涵盖科技安全在内的一体化国家安全体系，最终实现以新安全格局支撑新发展格局。习近平总书记指出："科技是国之利器。"国之利器，不可示人。高科技协同创新突破关键核心技术，聚焦解决"卡脖子"难题，抢占科技竞争和未来发展制高点，为高质量发展提供有力科技支撑。

3. 高科技协同创新是大国博弈和赢得战略竞争优势的迫切需求

大国博弈在很大程度上体现为技术上的颠覆与反颠覆、突袭与反突袭、抵消与反抵消。关键技术领域的"技不如人"是我国面临激烈国际竞争的重要软肋。目前，我国依赖进口的关键核心技术集中在海洋、空天、网络空间、生物、新能源、人工智能等前沿领域。在新兴产业方面，工业机器人、芯片、操作系统、基础软件、航空发动机、高端医疗机械、新材料等很多被外国企业垄断。在新兴作战力量方面，指挥控制、信息对抗、水下攻防等问题久攻不克。这些领域都需要集中资源，开展协同攻关。习近平总书记强调指出："不创新不行，创新慢了也不行。如果我们不识变、不应变、不求变，就可能陷入战略被动，错失发展机遇，甚至错过整整一个时代。"因此，必须大力推进高科技协同创新，以求在大国竞争中赢得战略主动权。

二、研究方法

（一）文献研究法

本书对相关领域研究的原始文献、二次文献进行了大规模搜集、整理与甄别梳理。具体而言，一是对创新、协同创新、创新治理等相关领域的学术文献进行了梳理，二是对世界主要国家高科技协同创新的情况进行了梳理。

（二）调查研究法

本书通过合理选择调研单位与调研内容，科学制定调研方案，严格遵守问卷设计、社会调查等操作规程，确保调查研究的效度与信度。在此基础上，本书设计了"高科技协同创新提升高素质人才培养调查问卷""高科技协同创新绩效评估问卷"，通过问卷调查、座谈等从高科技公司、产业园、新型科研机构、高科技协同创新中心和科技主管部门获取了高科技协同创新的第一手材料。

（三）计量经济方法

计量经济方法主要是用于揭示经济活动中客观存在的数量关系。本书运用该方法测度了高科技协同创新与高质量发展之间的相关性，高科技协同创新的总体绩效，这为提高高科技协同创新绩效进而服务高质量发展提供了实证支撑。

第四，归纳演绎分析法。归纳、演绎是基本的社会科学方法，在纷繁复杂的科技创新领域，这两个方法是有力的武器。本书基于高科技协同创新全频谱和时间空间维度的样本进行了完整的归纳总结，挖掘了高科技协同创新特征，在此基础上，形成了条理清晰、逻辑完整的高科技协同创新路径和构想。本书运用归纳法，归纳出高科技协同创新与战略性新兴产业成长的三种路径选择、高科技协同创新驱动园区高质量发展的四种主要模式、高科技协同创新促进两用人才培养的四类模式等。本书运用演绎法，从管理体制、运行机制、法律法规方面分析了新型举国体制推动高科技协同创新发展，并以北斗卫星导航系统为典型范例，阐述了新型举国体制推动北斗卫星导航系统发展的主要做法和经验借鉴。

第五节　研究思路与主要创新点

一、研究思路

本书围绕高科技协同创新是什么、高科技协同创新怎么样、高科技协同创新怎么做展开研究，共分为四个层次。第一层次为第一章和第二章：第一章介绍全书的研究背景、意义、方法和主要创新点等，第二章分析高科技协同创新驱动高质量发展的机理、实证和对策等。第二层次为第三章至第六章，分别探讨高科技协同创新与重大项目建设、战略性新兴产业成长、区域协调发展以及产业园区高质量发展。第三层次为第七章至第九章，探讨高科技协同创新的保障体系，分别从人才支撑、金融支持和制度保障方面设计了多元异质性主体合作相容与协同共生的保障体系。第四层次为第十章，对高科技协同创新绩效进行评估。各章内容安排具体如下。

第一章首先介绍了本书的研究背景和基本概念，其次从协同创新、科技创新治理两个方面对国内外相关研究进行了综述，再次介绍了研究意义和研究方法，最后总结了研究思路与主要创新点。

第二章在相关研究述评的基础上，首先从高科技协同创新与需求升级、产业发展、制度创新和区域经济的联动角度分析了高科技协同创新驱动高质量发展的机理，其次构建了高科技协同创新驱动高质量发展的评价指标体系并进行了实证分析，最后从改善需求结构、完善现代产业体系、推动制度创新、实现区域协同发展等方面提出了对策建议。

第三章分析了重大项目建设贯彻高科技协同创新的重大意义、现状、国际经验借鉴，并以国家超级计算长沙中心和国家蛋白质科学中心（北京基地）为例探讨了重大项目建设贯彻高科技协同创新的建议与启示。

第四章围绕深海、深地、深空、深蓝等领域的战略性新兴产业发展，分析了高科技协同创新引领战略性新兴产业成长的运行机理，提出自行转化、"以我为主，其他方参与"的平台转化和"面向市场，以需求为中心"的第三方转化的路径选择，并提出了高科技协同创新引领战略性新兴产业成长的对策建议。

第五章首先分析了高科技协同创新与京津冀协同发展、长江经济带发展、长江三角洲区域一体化发展（以下简称长三角一体化发展）、粤港澳大湾区建设等的重大意义，以及高科技协同创新推动区域协调发展的总体框架。其次以长江经济带为例，分析了长江经济带高科技协同创新体系等。最后提出了高科技协同创新推动区域协调发展的对策建议。

第六章首先在分析高科技协同创新赋能园区高质量发展重大意义的基础上，提出了高科技协同创新赋能园区高质量发展的一般机理和组织框架。其次归纳出高科技协同创新赋能园区高质量发展的主要模式，即以分享经济为背景的资源共享模式、以新型研发机构为核心的第三方模式、以交易平台为核心的 PPP 模式、以产业联盟为核心的产业链拓展模式。最后提出了高科技协同创新赋能园区高质量发展的对策建议。

第七章首先从战略需求层面、培养目标层面、实现路径层面分析了高科技协同创新促进高素质人才培养的重大意义，通过问卷调查分析了高科技协同创新培养高素质人才的现状及存在的主要问题，从创新的全链条即知识涌现、研发、成果转移转化、最终产业化的角度分析了高科技协同创新引领高素质人才培养的作用机理。其次提出以"新型研发机构—院校"为主导的超算中心模式、以"产业园区实践教学基地—院校优势工科专业"为依托的产业链拓展协同模式、以"行业企业—政府—院校"为主导的协同创新研究院模式、以"科研院所—院校"为主导的联合培养模式。最后提出了高科技协同创新促进高素质人才培养的对策建议。

第八章首先在相关研究综述的基础上，分析了金融支持高科技协同创新存在的问题，并以开发性金融支持高科技协同创新的"湖南模式"和金融服务平台中介支持高科技协同创新为典型案例，研究其主要做法和经验启示。最后提出金融支持高科技协同创新的对策建议。

第九章首先分析了传统举国体制和新型举国体制的不同，以及新型举国体制的内涵和特点。其次从管理体制、运行机制和法律法规方面分析了新型举国体制如何推动高科技协同创新发展，并以北斗卫星导航系统为例，分析了新型举国体制下推动北斗卫星导航系统发展的主要做法和经验启示。

第十章首先根据对创新与产业化的侧重程度，将高科技协同创新的调研对象归为三类，分别是聚焦创新阶段的协同创新中心、创新与产业化并重的创新研究院、协同创新与产业化之间更侧重推广实现产业化的产业园和高科技企业。其次从合作伙伴协同配合度、个体创新能力和外部环境三个方面构建了评估高科技协同创新绩效的指标体系。最后通过座谈和问卷调查，分析了高科技协同创新要素对绩效的影响，并测度了高科技协同创新总体绩效。

本书的研究框架如图1-1所示。

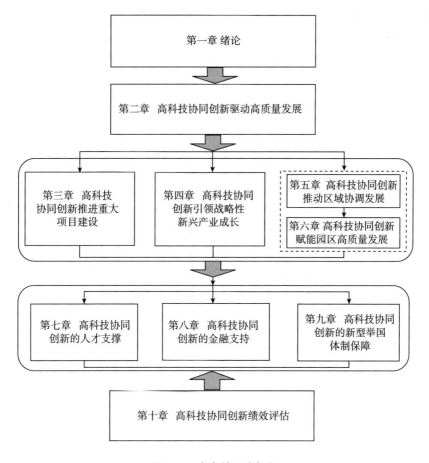

图1-1 本书的研究框架

二、主要创新点

本书主要创新如下：

第一，构建了"核心要素—保障体系—评估测度"的分析框架，尝试较为系统地研究高科技协同创新问题，深化对创新治理相关理论的研究。本书从科研创新组织形式的角度界定高科技协同创新的概念，在此基础上构建了"核心要素—保障体系—评估测度"维度的分析框架，系统研究高科技协同创新问题。核心要素包括重大项目建设、战略性新兴产业成长、区域协调发展以及园区高质量发展；保障体系包括人才支撑、金融支持、新型举国体制保障；核心要素和保障体系最终汇聚成高质量发展，最后评估测度高科技协同创新绩效，尝试较为系统地研究高科技协同创新问题。

第二，提出高科技协同创新推动区域协调发展的"火箭"结构。"火箭"结构包括宏观战略统筹、重大项目牵引、科技成果双向转化、创新资源空间关联集聚、资源共享共用、创新生态支持保障六个方面。其中，宏观战略统筹是"火箭头"，重大项目牵引是"火箭"的动力系统，科技成果双向转化、创新资源空间关联集聚能够促进高科技创新体系融合发展是"火箭"结构的主体，资源共享共用、创新生态支持保障是"火箭"的支持保障系统。

第三，首次探讨了新型举国体制与高科技协同创新的关系，提出新时代中国特色社会主义市场经济条件下的新型举国体制是将我国政治制度优势与市场机制作用互动协同起来的国家治理新变革。科技领域的新型举国体制涉及跨部门、跨行业、跨区域科技创新主体间的大协作，必然要求走高科技协同创新之路。本书从管理体制、运行机制和法律法规方面较为系统地分析了新型举国体制如何推动高科技协同创新发展。

第一章
高科技协同创新驱动高质量发展

高科技协同创新的最终目标是要实现经济的高质量发展。具体而言，高科技协同创新通过与需求升级、产业发展、制度创新和区域经济的联动驱动高质量发展。

第一节　相关研究述评

学术界的研究主要集中在高质量发展内涵及高质量发展评价指标体系测度，创新与经济增长、创新与高质量发展的关系，协同创新、合作研发与经济发展等方面。

一、高质量发展研究

伴随着资源枯竭、环境破坏等问题日益凸显，传统的依赖土地、资本等生产要素驱动经济增长模式难以为继，亟须转变经济发展方式，实现高质量发展。维诺德·托马斯等（2001）提出，经济增长质量作为发展速度的补充，是构成当代经济增长的关键性内容，包括机会的分配、环境的可持续性、全球性风险管理和治理等。金碚（2018）认为，高质量发展是能够满足人民群众不断增长的实际需要的经济发展方式、结构和动力状态。任保平和赵通（2018）认为，高质量发展是经济发展质量的高水平状态，包括经济发展、改革开放、城乡发展和生态环境的高质量发展。

在经济高质量发展指标体系构建和定量测度方面，张月友等（2018）、贺晓宇和沈坤荣（2018）将全要素生产率（Total Factor Productivity，TFP）作为衡量总经济生产率的指标。陈诗一和陈登科(2018)则采用劳动生产率测度经济高质量发展。由于概念误差与度量方法等的影响，以全要素生产率衡量经济增长质量与水平在可行性与合理性方面存在明显的局限性(郑玉歆，2007)。目前，通过构建指标体系评价测度经济增长质量已成为研究热点。例如，钞小静和任保平(2011)从经济增长的结构、稳定性、福利与成果分配、资源利用和生态环境成本四个维度分析了1978～2007年中国经济增长质量的时序变化和区域差异。殷醒民(2018)从全要素生产率、人力资源质量、科技创新能力、金融体系效率和市场配置资源五个维度构建高质量发展指标体系。朱启贵(2018)构建了包括动力变革、结构优化、产业升级、质量变革、效率变革和民生发展六方面共62个指标的评价体系。吕薇(2018)认为，高质量发展的评价指标应包括三类：反映经济结构和效率的指标；体现以人民为中心，提高生产质量和幸福感的指标；体现经济活力的指标。魏敏和李书昊(2018)从经济结构优化、创新驱动发展、资源配置高效、经济增长稳定、市场机制完善、区域协调共享、产品服务优质、基础设施完善、生态文明建设和经济成果惠民十个方面构建了指标体系，并运用熵权TOPSIS法进行实证测度。马茹等(2019)以高质量供给、高质量需求、发展效率、经济运行、经济开放5个一级指标，15个二级指标和28个三级指标构建了高质量发展指数。李金昌等(2019)从"人民美好生活需要"和"不平衡不充分发展"两个方面，构建了包括经济活力、创新效率、绿色发展、人民生活、社会和谐五个方面的高质量发展评估指标体系。

二、创新驱动发展研究

　　熊彼特的《经济发展研究》是研究创新与发展关系的重要著作。在该著作中，熊彼特把"发展"定义为经济系统及其社会条件的一次重大飞跃，发展不是在经济生活中从外部强加给它的，而是从内部发生变化的。资本主义的核心不在于其平衡的力量，而在于制度偏离平衡的必然趋势，即打破平衡的力量，这种革命动力就是资本主义不断发展的原动力，即创新①。他否定了新古典经济学的均衡假设，认为创新本质上是一个非均衡的过程，主流经济学的均衡理论和模型不能解释创新以及由此引发的经济变革。对经济为什么变化和如何变化的论述不能局限在新古典均衡分析的静态框架中，因为资本主义经济组织形式有内在逻辑主导其经济行为，其实质是创新产生的经济变革(Rosenberg，2004)。

---

　　① ［美］约瑟夫·熊彼特. 经济发展理论［M］. 何畏，易家洋，张军扩，等译，北京：商务印书馆，1990.

在熊彼特理论的基础上，以索洛为代表的新古典主义增长理论学者认为技术进步是经济增长的外生变量。Arrow(1962)的干中学模型、Lucas(1988)的人力资本模型以及 Romer(1986)和 Grossman(1991，1993)等将 R&D 与不完全竞争内生到增长框架而不断完善的新经济增长理论，都认为创新是经济增长的源泉，劳动力分工程度和专业化人力资本积累水平是决定创新的主要因素。Romer(1986)、Nelson 和 Winter(1982)、Aghion 和 Howitt(1998)、Lucas(1988)等成为新熊彼特增长理论的代表。新熊彼特增长理论将知识重组作为创新的来源，强调通过学习行为对新知识进行创造、积累、扩散和应用。创新体系发展促进知识的流动，个体、组织和区域的学习。① 从系统性视角来看，创新驱动发展体系强调创新系统内各主体间的互动，这些互动包括大学和产业间的合作促进知识创造部门作为创新主体的企业间互动②，企业与创新园区的建设促进不同类型知识的交互并形成聚集效应，风险投资、技术市场、孵化器等创新中介等多要素对创新活动的联合支持。

在创新与高质量发展方面，国内学者通过考察创新对经济增长或全要素生产率的影响进行创新效应评价。洪银兴(2013)认为，驱动经济发展的创新是多方面的，包括科技创新、制度创新和商业模式的创新，其中科技创新是关系全局的核心。徐匡迪(2015)提出创新驱动是我国新常态下实现经济发展方式转变的关键，创新不仅指科技创新，还包括制度创新。在上述定性分析的基础上，刘思明等(2019)从科技创新和制度创新两方面构建了国家创新驱动力测度指标体系，考察国家创新驱动力的经济高质量发展效应和机制，其中，科技创新一级指标下包括创新资源、知识创新、企业创新、协同创新四个二级指标，制度创新一级指标下包括市场制度、科技制度、金融制度、创新政策四个二级指标。研究显示，无论是创新驱动力综合指数还是科技创新和制度创新指数，以及各二级分项指数，均对一国全要素生产率具有显著正向影响。王慧艳等(2019)运用网络 WSBM 模型测度了我国 30 个省份科技创新驱动经济高质量发展的绩效水平，研究发现整体绩效水平偏低，东部地区明显优于中、西部地区，而各地区总效率呈现明显的空间集聚特征，集聚区域分别呈带状和团簇状。

三、协同创新、合作创新、合作研发与经济发展

洪银兴(2013)提出创新驱动要注重协同创新，其中最为重要的就是知识创新

---

① 柳卸林，高雨辰，丁雪辰. 寻找创新驱动发展的新理论思维：基于新熊彼特增长理论的思考 [J]. 管理世界，2017(12)：8—19.

② Etzkowitz H, Leydesdorff L. The Dynamics of Innovation：From National Systems and "Mode 2" to a Tri-pleHelix of University-industry-government Relations [J]. Research Policy, 2000, 29(2)：109-123.

和技术创新的协同。创新驱动发展战略要解决这两大体系协同，即大学的知识创新延伸到孵化阶段，企业将技术创新环节延伸到大学提供的科研成果的孵化阶段，在这个阶段知识创新主体和技术创新主体交汇，形成企业家和科学家的互动合作（洪银兴，2010）。经济合作与发展组织（OECD）在总结知识经济的时代特征时提出，创新需要企业、实验室、科研机构和消费者等不同主体之间的沟通，需要科研、工程实施、产品开发、制造和营销等方面的反馈。因此，创新是不同参与主体与结构共同体之间大量互动的结果，把这些视为一个整体就是国家创新体系。

Vonortas（1991）探讨了合作研发或协同创新对产业和经济增长的影响。Suetens（2006）运用实验经济学方法分析了寡头垄断中的合作研发和战略决策问题。杨煜等（2010）通过引入区域研发联盟变量的内生增长模型，分析了区域研发联盟与经济增长方式转变之间的关系，认为在知识存量水平较低的条件下可通过构建区域研发联盟的方式提前实现区域经济增长向创新驱动转变，而当知识存量累积到一定水平时，自主创新才成为经济增长的引擎。白俊红和蒋伏心（2015）采用1998～2012年中国分省份面板数据构建了协同创新指标体系，分析协同创新与空间关联对区域创新绩效的影响，结果显示在协同创新过程中，政府的科技资助、企业与高校的协同以及企业与科研机构的协同对区域创新绩效有显著正向影响，金融机构则产生显著负向影响。吕海萍等（2017）构建了创新资源协同势能与区域经济增长空间面板计量模型，探讨了创新资源协同空间联系与区域经济增长的关系，研究显示：我国创新资源协同空间联系出现显著的区域不平衡性，从简单雏形逐步发育为"鸡爪型"、多核心复杂化的"网络型"空间结构；创新资源协同势能呈显著的空间正相关，向东部沿海地区聚集。胡艳等（2019）构建了协同创新空间联系引力模型和协同创新空间关联模型，分析长三角城市群协同创新对经济增长的影响。郝金磊和尹萌（2019）从时空差异视角分别探讨了企业科技协同创新投入、高校、科研机构、政府、金融机构对经济增长的影响。乔玉婷等（2019）提出，协同创新通过促进新知识涌现、推进新产业集聚发展，最终汇聚经济发展新动能。陈清萍（2020）运用双重固定效应模型分析科技进步、协同创新对长三角制造业高质量发展的影响，结果显示科技进步对长三角制造业高质量发展具有重要贡献，但协同创新机制的长期缺失制约了长三角制造业高质量发展。

综上所述，学术界对高质量发展的内涵及高质量发展的测度指标体系，创新与经济增长、创新与高质量发展的关系，协同创新、合作研发与经济发展有较为深入的研究，但是对高科技协同创新实现高质量发展的机理、路径研究不够，进一步的定量分析则少之又少。

第二节　高科技协同创新驱动高质量发展的机理

高科技协同创新推动经济发展方式转变、经济结构优化和增长动力转换，进而促进高质量发展。它的核心就是要使市场在资源配置中起决定性作用和更好地发挥政府作用，通过高科技协同创新管理体制、运行机制和法律法规等改革，激发协同创新活力和潜能，提高劳动、资本、土地、知识、技术、管理、数据等要素的效率和效益。它的影响机理主要包括通过投资需求、消费需求和出口需求影响需求结构，通过技术扩散、技术周期和产业关联影响产业发展，通过战略协同、组织协同、财税金融保障政策协同等影响制度创新，通过产业集群、学科集群和城市集群以及跨部门、跨领域、跨区域、跨行业协同创新影响区域经济协同发展。下面从需求升级、产业发展、制度创新和区域经济四个方面进行分析。

一、高科技协同创新与需求升级的联动

学术界主要从"供给推动"和"需求拉动"两方面研究一国创新能力的形成。"供给推动"假说认为更多的研发投入意味着更高的创新产出，"需求拉动"假说认为创新活动受市场需求制约。在刺激发明活动上，需求比知识进步更重要（Schmookler，1966）。有实证研究表明，60%～80%的重要创新都是受需求拉动而产生扩张的（Utterback，1999）。孙军（2008）从理论上构建了开放条件下内含需求要素的产业结构演变模型，提出后发国家的经济需求和政府对技术创新的激励政策对产业结构升级有重要意义。范红忠（2007）认为，需求规模对创新能力的长期影响比需求拉动的短期影响更重要，需求规模通过影响长期的产业分工协作、市场结构、产业集群的微观创新环境，进而影响创新活动效率。

高科技协同创新既是满足需求的重要手段，又是提升生产率和资源综合利用率的科学方法，更是实现从"依附跟进"到"跨越发展"、从"中国制造"到"中国创造"的重要举措。服务国家重大战略需求是协同创新的重要目标。"2011 计划"即高等学校创新能力提升计划，是继"985 工程""211 工程"之后，国家在高等教育系统的又一项战略举措。"2011 计划"围绕国家急需解决的战略问题、科学技术尖端领域的前瞻性问题和涉及国计民生的重大公益性问题开展协同创新。列入国家"2011 计划"的量子信息与量子科技前沿协同创新中心、高性能计算协同创新中心等，涵盖了军队与地方的高校、科研院所和企业，是推进高科技协同创新的重要平台。

从需求端看，根据国民经济核算体系，需求结构一般用消费需求、投资需求和净出口来衡量。在高质量发展阶段，除了产品需求要求提升，消费者对体验、个性定制、服务类产品的需求不断升级，产生新的消费需求。高科技协同创新通过发现新的消费需求，增加产品多样性，改变消费方式，增加消费选择，提高产品质量和降低价格等改善消费需求，将协同创新成果与消费需求紧密连接，实现新消费增长点与创新驱动的联动。

消费需求的增加必然刺激生产该消费品的生产资料的增加，也就是投资需求的增加。高科技协同创新通过科技产品、成果产业化，优化科技资源配置，开发新市场，拓展投资需求。此外，通过金融创新支持高科技协同创新重大项目、重大科学装置、重点实验室等研发平台，创新投资结构、投资政策。高科技协同创新积极对接京津冀协同发展、长江经济带发展、长三角一体化发展、粤港澳大湾区建设等区域发展战略，以协同创新政策在空间合作战略中的驱动导向作用来优化投资需求。

高科技协同创新要面向国内、国际两个市场，利用国内、国外两种资源。高科技协同创新通过重大项目、科技装置国际合作，推进技术标准国际兼容输出，鼓励高科技协同创新要素跨区域、跨部门有序流动，提升武器装备性能，扩大军品贸易，改善出口需求，在互利共赢、多元平衡、安全高效的开放型经济体系中实现高质量发展。

二、高科技协同创新与产业发展的联动

产业发展是指产业产生、成长、进化的动态过程，主要包括产业增长和产业结构优化两个方面。周振华（1992）认为：产业增长强调速度问题，研究的是投入与产出增长的生产函数；产业结构优化强调发展质量问题，其本质是产业结构的转换能力和聚合能力。黄继忠和冀刚（2018）将外部性、产业增长和产业结构优化纳入 ESG 分析框架。Glaeser 等（1992）认为，外部性途径主要包括 MAR 外部性、Jacobs 外部性和 Porter 外部性三类。

MAR 外部性是指产业内部的专业化集聚形成"当地化经济"。Marshall（1920）提出，产业专门化程度越高，越有利于外部性的产生。Arrow（1962）、Romer（1986）分别强调"干中学"和"报酬递增"的作用，通过以知识积累为基础的内生增长模型解释产业专业化的外部性作用原理。高科技协同创新通过共享效应、垂直专业性管理、专业性技术溢出、专业性集聚等途径形成规模经济，以专业化促进产业发展。

Jacobs 外部性是指行业间的空间产业集聚形成"城市化经济"。Jacobs（1969）

认为，知识和技术在不同产业间的溢出、扩散和整合可以促进知识创新。只有在产业多样化而非产业专业化的情况下，互补性知识溢出和整合才能促进交叉思维碰撞和知识产生新的融合，它强调多元性导致创新。王春晖和赵伟（2014）认为，产业多样化导致市场的精细化分工，强化了产业间知识的溢出与交融。Jacobs 外部性具体表现为地区产业的多样化程度[1]、技术溢出效应[2]、信息和知识传递[3]等。高科技协同创新通过共享效应、水平互补性关联、互补性技术溢出、多样性集聚形成协作经济，以多样化促进产业发展。

Porter 外部性是指产业内和产业间的知识溢出都能带动竞争，促进技术创新和产业集聚[4]。Porter 外部性强调竞争对创新和增长的影响，它不仅关注产业内企业的竞争和技术溢出，还关注产业间企业的竞争和技术溢出。竞争越激烈，越能促进武器装备承制单位特别是分系统和零部件承包商的竞争，加速知识和技术的持续性溢出和扩散，进而促进创新和增长。高科技协同创新通过共享效应、竞争性产业关联、竞争性技术溢出、竞争性集聚形成竞争经济，以竞争性促进产业发展。

高科技协同创新通过外部性影响产业增长和产业结构优化，进而影响产业发展，具体路径包括改造升级传统产业和发展战略性新兴产业。值得注意的是，有学者提出，随着战略性新兴产业由孕育期向市场导入期过渡，协同创新体系应由政府主导向市场主导转变。特别要关注市场导入期，现有企业利用在政府主导的协同创新体系中的优势地位，与政府部门合作实施包括行业准入在内的产业管制措施，以阻止新进入者进入以及带来新的技术路径，出现所谓"协同创新陷阱"（刘刚，2013）。

三、高科技协同创新与制度创新的联动

从制度经济学视角看，制度经济学派代表人物威廉姆森等对交易进行了维度化分析，并对交易费用经济学进行了可操作化的努力。威廉姆森的交易费用理论以交易为基本分析单元，将每次交易视为一种契约。由于人们的有限理性，他们无法预见未来可能出现的各种情况，最终以双方无争议、第三方确认的方式订立合同，因此缔约方具有机会主义倾向。为了支持有价值的长期契约，需要一种治

① Qigley J M. Urban Diversity and Economic Growth［J］. Journal of Economic Perspectives，1998，12（2）：127-138.

② Glaeser E L. Learning in Cities［J］. Journal of Urban Economics，1999，46（2）：254-277.

③ Fujita M，Thisse J R. Economics of Agglomeration［J］. Journal of the Japanese and International Economics，1996，10（4）：339-378.

④ Porter M E. The competitive advantage of dations［M］. New York：Free Press，1990.

理结构在事后转移冲突以实现缔约方共同利益。最优的治理结构应该是最大限度地节约事前和事后交易费用的治理结构。交易者对各种组织安排的选择始于对每笔交易成本的比较，最终会选择一种能使其预期治理这种交易关系的整体成本最小化的组织安排。高科技协同创新各主体的每次协同合作可看作一种契约行为。权益归属和利益分配是高科技协同创新要解决的重要问题，协同创新各主体由交易费用所引发的利益矛盾影响协同创新的绩效以及合作的稳定性和可持续性。通过制度创新降低高科技协同创新过程中的交易费用，使外部利益内部化，是高科技协同创新机制设计要着力解决的问题。

从系统科学视角看，高科技协同创新过程中既需要多个要素、多个子系统间实现交互和协同，也需要其他系统和要素之间进行耦合互动。高科技协同创新具有战略性、先导性、知识密集性、强关联性、高收益和高风险性等特征，其协同创新过程需要达到战略、知识、组织和环境四个子系统的交互衔接与协同。高科技协同创新与制度创新的互动关系，主要通过"高科技协同创新—战略协同、知识协同、组织协同、环境协同—交易费用—制度创新"的路径实现。

（一）战略协同

较多学者从系统科学、协同学视角研究企业战略协同，重点探讨企业之间以及企业内部部间的协同。安索夫在《公司战略》一书中提出的战略构成四要素就包括战略协同，它是企业中两种或两种以上要素的有机结合产生超出单纯相加的效果，即产生"1+1>2"的效应。从系统科学角度看，战略的本质是企业与外部环境互动的机制，是一个包含边界要素、转换要素等基本要素并按一定结构呈现的复杂系统(张铁男等，2009)。林正刚和周碧华(2011)从企业战略与环境的适应性、企业内部战略的一致性以及战略协同机制与评价方法方面进行综述，将市场协同策略、专业技术协同、协同服务、协同研发、组织结构协同、跨边界团队协同等归为企业内部战略的一致性。

本书认为对战略协同主体的认识要拓展到各协同创新主体中，包括高校、科研机构、企业、中介等。任何组织都存在来源于"上下""左右""内外"三个方向的战略协同力量。高科技协同创新过程中不同层次的创新资源以及同一层次不同主体间创新资源的交互流动形成一个个网络联系链条，逐步形成以大学、企业、研究机构为核心要素，以政府、金融机构、中介组织、创新平台、非营利性组织等为辅助要素的多元主体协同互动的高科技协同创新网络。在这一构架下，整体创新能力大于个体创新能力之和。

"上下"战略协同是指各高科技协同创新主体"向上"对接国家战略需求、军事需求、国家战略发展规划、战区建设规划，以重大项目为牵引，以重大科技装置、创新平台为支撑，"向下"分解形成高科技协同创新内部任务和具体目标。"左右"战略协同是指在高科技协同创新网络中，各协同创新主体为获取互补性研究成果，进入新技术领域并开发新产品（王小迪等，2013），具体方式可表现为企业联盟、产业联盟、技术联盟、战略联盟以及它们的重叠。高校及科研机构是协同创新的智力提供者，其强大的基础研究实力和专业人才储备能很好地弥补企业在此方面的劣势，而企业也能为其提供必要的研究经费和实用性研究指导。政府起推动、引导作用，基于国家或地方重大需求，通过行政和政策手段引导各主体根据实际紧密协同，在不同的层次、以不同的方式积极推动体制改革，踊跃参与协同创新。对我国而言，政府的推动及引导作用越强，产业技术创新战略联盟协同创新的积极性越高，共享资源越多，参与程序越深，互补性越强（王玉梅等，2013）。"内外"战略协同是指各协同创新主体内部创新核心竞争力向关联性业务绩效转移扩散形成良性多元化格局（张国军，2001），通过坚持优势与特色相统一，发挥比较优势，选择合适的高科技协同创新方式。

（二）知识协同

学术界较为公认的知识协同定义为：知识协同作为知识管理的最高阶段，以协同、协作、共享、合作创新为主题，通过知识的交互、关联、碰撞、共享、整合、创新等过程，使协同组织整体获得的效应大于各行为主体独立获得的效应之和（Anklam，2002）。国内有学者从知识系统的角度提出，知识协同是以知识创新为目标，由多个拥有知识资源的行为主体协同的知识活动过程。知识协同的组织形式包括协同团队、知识社区、知识联盟、知识创新型网络组织、虚拟团队等（樊治平等，2007）。有学者在辨析知识协同与知识共享、知识转移、知识网络、知识创新的基础上，提出知识协同与相关概念的系统动力学模型（佟泽华，2012），如图2-1所示。

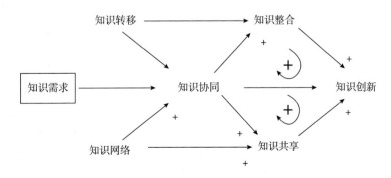

图2-1　知识协同与相关概念的系统动力学模型

高科技协同创新知识协同的机理表现为：高科技协同创新的知识需求产生知识协同的动力，完整有效的知识网络和知识转移促进知识协同，知识协同通过知识整合与知识共享促进协同创新，形成"知识协同—（知识共享、知识整合）—协同创新"的良性循环。

（三）组织协同

组织层面的制度距离将直接影响组织间协同互动的有效对接。通过缩短组织间的制度距离，可以推动组织间互动，获得战略协同、流程协同和技术协同，实现价值创造（张新民，2012）。在组织管理体系上，需要横向到边、纵向到底扁平化、网络化、柔性化组织机构，以实现快速响应、快速发现、快速引入、快速部署。在运行机制上，重点包括高科技协同创新的激励机制、产权机制、考评机制等。

激励政策对协同创新有积极作用，激励政策重点要针对如何提高协同创新主体的吸收能力。叶伟巍等（2014）通过定量分析得出结论：当企业吸收能力不足且激励政策较强时，产学研协同创出新绩效得到一定提升；当企业吸收能力较强且激励政策较强时，协同创新绩效将提升4.5倍。刘勇（2016）以江苏省（扬州）数控机床研究院为例，运用博弈论和优化模型设计激励机制，该机制可以通过调整分配参数、努力程度和合作程度增加各利益主体的收益。陈劲（2012）提出，要全面分析影响利益分配的要素，制定合理的利益分配方案。协同创新体系中影响利益分配的要素包括各方对创新系统的贡献程度、各方在创新过程中的投入、各方在创新过程中的风险水平。

产权制度是决定高科技协同创新稳定性和可持续性的关键制度，主要包括知识产权归属和利益分配。知识产权共享冲突是运作过程中存在的重要风险。在高科技协同创新早期，以合同等正式契约形式约定知识产权的归属问题能较好解决知识产权共享冲突。我国现行《中华人民共和国专利法》第八条规定："两个以上单位或者个人合作完成的发明创造、一个单位或者个人接受其他单位或者个人委托所完成的发明创造，除另有协议的以外，申请专利的权利属于完成或者共同完成的单位或者个人；申请被批准后，申请的单位或者个人为专利权人。"根据《中华人民共和国专利法》的立法精神及相关规定，专利申请上的第一、第二申请人是平等的。《中华人民共和国专利法》第十四条规定，对协同创新团体的专利权相关利益分配问题，"专利申请权或者专利权的共有人对权利的行使有约定的，从其约定。没有约定的，共有人可以单独实施或者以普通许可方式许可他人实施该专利；许可他人实施该专利的，收取的使用费应当在共有人之间分配。除前款规定的情形外，行使共有的专利申请权或者专利权应当取得全体共有人的同意"。

协同创新主体可以通过合理的利益分配防范产学研合作中的道德风险。黄波等（2011）对比了固定支付方式、产出分享方式、混合方式以及改进混合方式等分配模式的激励效率，提出不同外部环境下最优利益分配模式。

考评制度是高科技协同创新评价的重要环节，在分类分层次构建科学考评体系的基础上，形成评价监督的迭代优化闭环。传统的绝对考评模式不能很好地满足协同创新中心构成复杂、利益诉求不同以及奖惩不统一等问题，相对考评模式是在不具有相当程度的行政、学术处理权限下采取的折中措施（祁艳朝等，2013）。相对考评模式下的效用公式为

$$S=V-k(W-V)$$

式中：S 为协同创新的效用收益；V 为协同组织的总体收益；W 是协同创新组织中其他合作组织的收益；k（k>0）为某协同创新组织在高科技协同创新过程中获得收益的敏感系数，由组织固有的管理模式、组织文化、管理者作风等因素决定。当其他合作者的收益一定时，k 越大，该组织所获利益越小。k 对协同创新的成功起关键作用。相对考评模式重点关注 S 和 k。此外，协同创新收益的累积（∑S）是影响协同创新考评模式的重要变量。长期进行协同创新的各创新主体间磨合越好，组织内耗越少，对协同创新总体目标的理解和完成度越高。

（四）环境协同

环境协同是指为高科技协同创新提供良好的制度环境和法律保障。学术界专门研究协同创新环境的文献并不多，但是研究创新环境、产业集群创新环境的文献较多，这为高科技协同创新的环境协同研究提供了借鉴。创新环境研究是20 世纪 90 年代国际学术界创新研究的重点领域（陈柳钦，2007）。欧洲创新环境研究小组率先提出创新环境论，将创新环境定义为在特定的区域内一系列非正式的社交关系复杂网络。它们通过集体学习（Collective Learning）提高创新能力。赵彦飞等（2019）认为，创新环境总体可分为软性环境和硬性环境两类，并具有动态发展的特点。评价方法存在以综合指标体系分析的直接评价和以计量模型分析的间接评价两种范式，应根据不同的研究对象，区分国家、区域、产业、企业等多维度，选取恰当的评价框架和方法。创新环境主要评价指标体系如表 2-1所示。

借鉴上述创新环境的评价指标，本书重点从高科技协同创新中介支持和政策法规方面评价协同创新环境。

表 2-1　创新环境主要评价指标体系

作者	名称	评价方式	环境要素
于明洁等(2012)	区域创新环境	直接评价	创新意识、创新链接、创新基础、创新熟练度
许婷婷和吴和成(2013)	中国区域创新环境	直接评价	基础设施环境、市场环境、创新人文环境、金融环境
侯鹏等(2014)	区域创新能力	间接评价	制度环境、要素条件、产业环境、需求环境
王鹏和曾坤(2015)	区域创新环境	间接评价	金融环境、市场环境、交通环境、信息环境、教育环境
中国科技发展战略研究小组(2016)	中国区域创新能力	直接评价	创新基础设施、市场环境、劳动者素质、金融环境、创业水平
中国科学技术发展战略研究院(2017)	国家创新指数	直接评价	知识产权保护力度、政府规章对企业负担的影响、宏观经济环境、当地研究与培训专业服务状况、反垄断政策效果、企业创新项目获得风险资本支持的难易程度、员工收入与效率挂钩的程度、产业集群发展状况、企业与大学研究和发展协作的程度、政府采购对技术创新的影响
科技部火炬高科技产业开发中心中科院科技战略咨询研究院中国高新区研究中心(2017)	国家高新区创新能力	直接评价	当年新增企业数与企业总数比例、各类创新服务机构数量、企业开展产学研合作研发的费用支出、科技企业孵化器及加速器内企业数量、创投机构当年对企业的风险投资总额

资料来源：赵彦飞，陈凯华，李雨晨．创新环境评估研究综述：概念、指标与方法［J］．科学学与科学技术管理,2019（1）：89-99.

　　中介组织是高科技协同创新的重要组成部分。它包括科技中介组织、法律中介组织，会计中介组织、投融资中介组织等。本书从广义上理解科技中介组织，认为其是指以技术为商品，以推动技术转移、转化和开发为目的，在政府、创新主体、创新源及社会不同利益群体间发挥桥梁、传递、纽带作用，面向社会开展技术扩散、成果转化、技术评估、创新资源配置、创新决策和管理咨询等专业化服务的机构(马松尧，2004)。根据科技中介组织参与科技活动的形式，科技部技术市场管理中心将其分为三类：一是直接参与服务对象技术创新过程的机构，包括生产力促进中心、科技企业孵化器等；二是科技咨询与评估机构，如科技评估中心、科技招投标机构、情报信息中心、知识产权服务中心和各类科技咨询机构；三是为科技资源合理配置提供服务的机构，如技术交易机构、人才中介市场等。科技中介同时嵌入创新网络和社会网络。创新网络嵌入包括创新应用开发网络嵌入和创新产生扩散网络嵌入，社会网络嵌入包括环境嵌入、组织间嵌入和二元嵌入。双重嵌入显著提升协同创新网络的创新能力（韩周，2016）。

四、科技协同创新与区域经济的联动

考察高科技协同创新与区域经济的联动机理，重点是分析协同创新的溢出效应，其主要包括空间溢出和价值链溢出。有学者将创新过程分为两个相互关联的子阶段，即知识创新和产品创新，创新价值链中知识创新的前向关联溢出效应显著，产品创新的后向关联溢出效应缺失。创新空间溢出效应在东部地区显得突出，随着空间距离的扩大，创新溢出呈现脉冲式衰减（赵增耀等，2015）。区域创新系统是国家创新系统的子系统。区域创新系统组织协同创新资源进行创新，既可以通过内部创新主体间的协同创新实现，又可以通过各区域创新子系统的空间关联效应实现。空间关联是区域创新系统之间由于创新要素流动产生的空间的相互作用。有学者构建了协同创新指标体系，从区域创新要素动态流动视角建立空间权重矩阵，分析协同创新、空间关联对区域创新绩效的影响（白俊红和蒋伏心，2015）。沿着这一思路，有学者分析了高科技协同创新、空间关联与国防创新绩效的关系（杨晓昕等，2020）。

高科技协同创新资源在地理空间集聚，既可以通过空间关联、空间集聚形成空间溢出效应，推动区域经济发展，也可以通过高科技协同创新的价值链网络关联形成价值链溢出效应，推动区域经济发展，具体表现为学科群、产业群、城市群的簇群发展、密切协同、互动整合，形成新的区域增长极，拉动区域经济发展。对于上述第一种路径，以调整国防科技资源、军工企业迁移等调存量和新布局国家创新重大科学基础装置、国家协同创新中心、国家重点实验室等做增量的方法实现空间布局协同；对于第二种路径，应使市场在资源配置中起决定性作用和更好发挥政府作用，构建"科技—产业—金融—政府"四位一体的高科技协同创新网络，通过高科技协同创新管理体制、运行机制和法律法规等改革激发协同创新活力和潜能，实现市场价值链协同。

综上所述，高科技协同创新促进高质量发展的机理如图2-2所示。

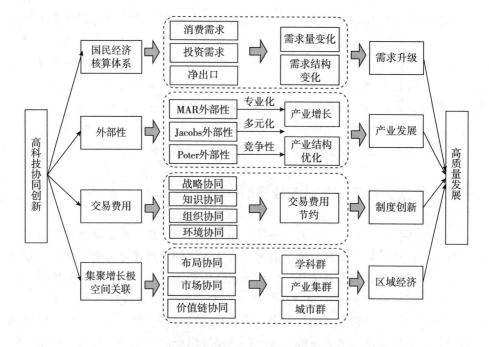

图 2-2 高科技协同创新促进高质量发展的机理

第三节 高科技协同创新驱动高质量发展的实证分析

一、高质量发展的评价指标体系及方法

学术界对高质量发展的认识在不断深入，由"经济发展质量"深化到"创新发展、协调发展、绿色发展、开放发展、共享发展"五大发展理念相互贯通、相互促进，特别是党的十九大报告提出"高质量发展"以来，学术界对该命题的定量分析成为研究热点。高质量发展的评价指标体系及方法如表 2-2 所示。部分学者用全要素生产率评估高质量发展，但由于概念误差和度量方面等的影响，其在可行性和合理性方面存在明显的局限性(郑玉歆，2007)。有学者尝试用劳动生产率(陈诗一和陈登科，2018)、主观和客观相结合的评价指标体系对高质量发展评价研究进行改进。

表 2-2 高质量发展评价指标体系及方法

作者	指标体系	评估方法/方式
世界银行(1995)	自然、人力、社会资本	—
赵英才等(2006)	从产出效率、产出消耗、产品质量、经济运行质量和生存环境质量 5 个方面构建了 17 个评价指标	相对指数法
刘海英(2005) 刘海英和张纯洪(2006)	从产出效率、投入效率、质量、经济的合理性和生存环境质量构建了 5 个方面 14 个二级指标	因子分析法
程虹和李清泉(2009);程虹(2013)	产品与商业服务、公共服务、生态环境 3 个客观指标和区域居民满意度指数 1 个主观指标	区域总体质量指数(TQI)
Zhang 和 Kong(2010);刘文革和王文晓(2014);Mei 和 Chen(2016);李平等(2017);贺晓宇和沈坤荣(2018)	从构建评价指标现代化创新体系、市场体系、供给体系、开发体系四个方面	全要素生产率
钞小静和任保平(2011)	包括经济增长的结构、经济增长的稳定性、经济增长的福利变化与成果分配、经济增长的资源利用和生态环境代价 4 个一级指标和 11 个二级指标	主成分分析法
Frolov 等(2015)	年均生产率增长率和人均发展指数	矩阵分析法
宋明顺等(2015) 魏敏和李书昊(2018)	竞争质量、民生质量、生态质量 3 个一级指标,8 个二级指标;经济结构优化、创新驱动发展、资源配置高效、市场机制完善、经济增长稳定、区域协调共享、产品服务优质、基础设施完善、生态文明建设和经济成果惠民 10 个子系统,53 个测度指标	熵权 TOPSIS 法
李梦欣和任保平(2019)	包括从创新发展、协同发展、绿色发展、开放发展、共享发展 5 个一级指标,15 个二级指标	层次分析法和 BP 神经网络法
李金昌等(2019)	从经济活力、创新效率、绿色发展、人民生活、生活和谐 5 个方面构建了 27 个指标	—
马茹等(2019)	包括高质量供给、高质量需求、发展效率、经济运行、经济开放 5 个一级指标,15 个二级指标和 28 个三级指标	指标无量纲化处理后形成的高质量发展指数

资料来源:笔者根据相关文献整理。

二、协同创新相关评价指标体系及方法

本书梳理了协同创新绩效、协同创新与经济发展的定量评价指标体系及方法(见表 2-3 和表 2-4)。协同创新贵在"协同",难在"协同"。区别于一般创新绩

效评价指标，协同创新绩效的评价指标重在对"协同"的评价，具体指标的选择要综合考虑全面性、客观性、可获取性。解学梅团队对协同创新绩效评价有较多持续跟踪研究，在开展高科技协同创新绩效评价时可以借鉴其评价方法。

表 2-3　协同创新绩效的评价指标体系及方法

作者	指标体系	评估方法/方式
Togar 和 Sridharan（2005）	从信息共享、决策同步、合作激励三个方面构建评价指标体系	—
Fan 和 Tang（2009）	从环境、合作机制、效应方面构建评价指标体系	模糊积分法
解学梅（2010）	构建企业—企业、企业—政府、企业—中介、企业—研究组织四类协同创新网络评价指标	结构方程模型
吴翌琳（2017）	从协同创新的主体维度、产业维度、要素维度三大维度构建包括 12 个要素的指标体系，评估国家、区域、企业的协同创新绩效	用随机效应的面板数据模型评估国家协同创新绩效，用多层线性模型评估区域协同创新系统层级分化发展特征，用 Probit 模型和广义 Tobit 模型评估企业协同创新绩效
李林和袭勇（2014）	从协同投入、协同过程、协同产出、协同影响四个方面构建了包括 51 个二级指标的评价指标体系	云模型
孙新波等（2015）	用企业自身素质、协同创新资源、协同创新环境、联盟成员关系刻画协同创新，用产品创新、管理创新和流程创新表征协同创新绩效	主成分分析法
解学梅等（2015）	从创新主体、知识与技术、协同机制、协同网络、社会关系网络方面评估协同创新影响因素，从专利和技术服务购买、技术引进、委托研发、创新要素共享和转移、产业/技术/知识联盟、产学研合作、网络组织、创新平台、人才流动九个方面分析企业协同创新模式	结构方程模型
李林等（2015）	包括协同创新能力、协同创新度、协同创新效益 3 个一级指标，21 个二级指标	二元语义模型
乔玉婷等（2015）	从合作伙伴协同配合度、个体创新能力和外部环境三个方面构建评估高科技协同创新绩效的指标体系	主成分分析法、因子分析法

资料来源：笔者根据相关文献整理。

关于协同创新与经济发展的指标评价方法主要有两种，即参数估计法和非参数估计法（见表 2-4）。协同创新具有空间溢出效应，有学者逐步将空间关联纳入研究框架。

表2-4　协同创新与经济发展的评价指标体系及方法

作者	评价目标	指标体系	评估方法/方式
杨煜等（2010）	分析区域研发联盟对经济增长的影响	总专利数据库中两个不同单位（企业、高校、科研院所）联合申请的专利数量比重	向量自回归模型（VAR）
申绪湘和韩永辉（2012）	分析产学研合作对区域经济增长的影响	用某省各市（州）万人大中型工业企业科学家、工程师全时当量与高校研发费用占各市（州）GDP比重的乘积衡量产学研合作程度	非参数估计方法
白俊红和蒋伏心（2015）	分析协同创新与区域创新绩效的关系	用资金流动评估协同创新，包括用地区研发资金中政府资金的比重和金融机构资金的比重表征间接主体对直接主体的资助；用高校研发经费中企业资金的比重和科研机构研发经费中企业资金的比重表征直接主体的资金往来	空间误差固定效应模型
孙健慧（2016）	分析军民融合式协同创新行为、军民融合技术共享行为	无	演化博弈模型、仿真模拟
吕海萍等（2017）	分析创新资源空间协同与区域经济增长的关系	用财力创新资源和人力创新资源的交互项评估创新资源协同，其中财力创新资源用内部研发经费支出表示，人力创新资源用研发人员全时当量表示。因变量用人均GDP衡量区域经济增长；自变量用人均固定资产投资衡量的资本投入要素，年末从业人员数占总人口比衡量劳动力投入要素，创新资源协同势能值即空间联系总量；控制变量用人均专利申请量表示区域创新倾向和市场化指数	空间滞后面板数据模型（SLPDM）和空间误差面板数据模型（SEPDM）
华坚和胡金昕（2019）	分析区域科技创新与经济高质量发展的耦合关系	从研发投入、人才储备、科技成果、成果转化、技术扩散方面构建指标评价科技创新；从创新发展、绿色发展、协同发展、开放发展、共享发展五个方面构建13个一级指标、29个二级指标，评估高质量发展	系统耦合协调度评价模型
郝金磊和尹萌（2019）	分析科技协同创新与经济增长的关系	用直接创新主体（包括高校、科研机构和企业）的R&D经费外部支出衡量直接主体的科技协同创新投入，用地区研发资金中的政府资金和科研机构资金衡量间接主体的科技协同创新投入	动态面板GMM模型和空间面板Durbin模型
杨晓昕等（2020）	分析高科技协同创新与国防创新绩效的关系	因变量用国防专利申请量的对数值评估国防企业创新水平；自变量用研发经费外部支出占比评估各主体间的协同创新关系，根据经费外部支出对象的不同，分别用科研机构对高校的外部支出占比、科研机构对科研机构的外部支出占比、企业对科研机构的外部支出占比、企业对高校的外部支出占比评估军民融合创新系统中研—学协同、研—研协同、产—研协同和产—学协同；关于控制变量，区域创新水平用地区普通专利申请数评估，对外开放水平用FDI占GDP比重评估	SDM空间计量模型

资料来源：笔者根据相关文献整理。

三、模型构建及实证结果

(一) 模型构建

本节借鉴陈晓和和周可（2019）从民参军角度构建的随机前沿面板数据模型方法，构建超越对数生产函数随机前沿模型，分析高科技协同创新与高质量发展的关系。在具体的变量选择上，参考杨晓昕等（2020）将高科技协同创新分为研—学协同、研—研协同、产—研协同和产—学协同四类，同时考虑东、中、西、东北地区高科技协同创新绩效存在区域差异的做法。基于柯布·道格拉斯生产函数，构建的评估模型如下：

$$\ln Y_{it} = \beta_0 + \beta_1 \ln K_{it} + \beta_2 \ln L_{it} + 0.5\beta_3(\ln K_{it})^2 + 0.5\beta_4(\ln L_{it})^2 + \beta_5 \ln\ln K_{it}\ln L_{it} + \nu_{it} - \mu_{it}\mu_{it}$$
$$= \delta_0 + \delta_1 Def \cdot pat + \delta_2 Gov + \delta_3 Fin + \delta_4 Uni + \delta_5 Ins + \delta_6 Ent + \delta_7 East + \delta_8 West + \delta_9 NE + \omega_{it}$$

式中：Y 为区域经济增长，用人均 GDP 表示；K 为资本投入要素，用人均固定资产投资表示；L 为劳动力投入要素，用年末从业人员数量占总人口比重表示；$Def \cdot pat$ 为国防专利申请数；Gov 为政府的支持度；Fin 为金融支持度；Uni 为高科技协同创新系统中高校间的协同水平；Ins 为高科技协同创新系统中高校与研发机构的协同水平；Ent 为高科技协同创新系统中高校和企业的协同水平；East、West、NE 分别为东部、西部和东北地区，当 East = West = NE = 0 时，表示属于中部地区；β_0、β_1、β_2、β_3、β_4、β_5 为回归系数；ν_{it} 为随机误差项；μ_{it} 为技术非效率项；ω_{it} 为误差修正项，服从断尾正态分布；δ_0、δ_1、δ_2、δ_3、δ_4、δ_5、δ_6、δ_7、δ_8、δ_9 为非效率项影响因素的回归系数。

(二) 数据来源

人均 GDP、人均固定资产投资、年末就业人员占人口比重数据来自《中国统计年鉴》。地方政府在创新活动中的投入占比、金融机构在创新活动中的投入占比、国防专利申请数、高校、科研机构和企业合作研发相关数据均来源于《中国科技统计年鉴》。由于《中国科技统计年鉴》公布了 2010 年及以后的国防专利数据，考虑数据的可获得性，本书选取了 2010～2018 年数据进行实证分析。借鉴陈晓和和周可（2019）高校、科研机构 R&D 活动支出资金中产业行业所占比重近似衡量企业与高校、企业与科研机构的协同关系。

(三) 实证结果

运用 Eviews.10 软件进行实证分析，结果显示：R^2 值为 0.99，模型的拟合优度好。t检验显示，资本投入要素 K、劳动力投入要素 L、政府支持 Gov、金融支持 Fin 的结果具有很强的显著性，国防专利申请数 Def、高校与科研机构的协同创新 Ins、高校与企业的协同创新 Ent 的显著性较强，具体如表 2-5 所示。

表 2-5　t检验结果

T 统计量	GDP	K	L	Def	Gov	Fin	Uni	Ins	Ent
GDP	—								
K	10.72773	—							
L	7.515231	25.20480	—						
Def	3.422655	3.150965	2.955552	—					
Gov	27.13097	9.017544	6.632301	3.755755	—				
Fin	9.767337	21.93675	18.15799	2.877330	8.297495	—			
Uni	4.187123	4.079370	3.664868	2.683908	4.611452	4.303006	—		
Ins	2.614006	2.723791	2.574181	1.552692	2.868847	2.934724	7.189988	—	
Ent	3.058435	3.157887	2.948531	2.047482	3.406772	3.351888	10.28426	14.15261	—

回归结果显示，资本投入要素 K、劳动力投入要素 L、政府支持 Gov、金融支持 Fin、国防专利申请数 Def、高校间的协同创新 Uni 与经济发展成正相关。高科技协同创新过程中的政府支持和金融支持对高质量发展具有较强支撑作用，国防知识产权对高质量发展具有一定的积极作用。高校与科研机构的协同创新 Ins、高校与企业的协同创新 Ent 与经济发展呈负相关，这说明高科技协同创新中高校与科研结构、高校与企业的合作研发对经济发展的贡献还不够显著。如表 2-6 所示。

表 2-6　高科技协同创新与高质量发展的实证分析结果

变量	系数	标准差	T 统计值	P 值
K	0.081939	0.260666	0.314342	0.8061
L	0.088405	0.020181	4.380675	0.1429
Def	0.324710	0.190412	-1.705304	0.3376
Gov	13.754310	1.550250	8.872315	0.0715
Fin	10.924080	21.483790	0.508480	0.7005
Uni	0.011271	0.007549	1.493107	0.3757
Ins	-0.007459	0.011814	-0.631343	0.6415

变量	系数	标准差	T 统计值	P 值
Ent	−0.007337	0.011107	−0.660591	0.6284
R^2	0.999445	被解释变量的均值		46868.11
调整后的 R^2	0.995562	被解释变量的标准差		11421.20
标准误差	760.8997	赤池信息准则		15.68743
残差平方和	578968.4	施瓦茨信息准则		15.86274
最大似然估计	−62.59345	汉南−奎因准则		15.30911
德宾检验	2.698250	—		—

第四节　高科技协同创新驱动高质量发展的对策建议

一、服务国家重大战略需求

(一) 服务国家发展战略

我国提出了坚定实施科教兴国战略、人才强国战略、创新驱动发展战略、乡村振兴战略、区域协调发展战略、可持续发展战略、军民融合发展战略七大战略。高科技协同创新既要服务于创新驱动发展战略，还要注重与科教兴国战略、人才强国战略、区域协调发展战略、可持续发展战略的融会对接。例如，高科技协同创新应积极对接京津冀协同发展、长江经济带发展、长三角一体化发展、粤港澳大湾区建设等区域发展战略等，力争纳入国家发展战略规划。高科技协同创新通过大科学和大工程、产业园区和各类平台促进国家发展战略的落地实施。从需求端看，高科技协同创新的成果产业化服务社会，可以拉动消费需求、投资需求和出口需求。

(二) 坚持服务一体化国家战略体系和能力建设

精准对接国家重大科技需求，服务区域经济发展规划。同时，也要避免片面追求经济效益，忽视国防需求。对于战略性、全局性、带动性的重大共性关键技术和基础技术，国家要落实高科技协同创新要求，集智攻关，优势互补。

（三）运用需求工程的方法全面、系统地分解高科技协同创新需求

加强沟通协调，明确双方需求后报送归口部门，规范对接内容和程序。加强"需求、成果、效果"对接反馈迭代，打通高科技协同创新成果向战斗力和生产力转化的"最后一公里"。各高科技协同创新主体要坚持优势与特色相统一，职责与能力相匹配，从不同层次、不同领域服务高科技协同创新需求。国家重大项目实施、创新平台建设、战略性新兴产业规划制定、高科技产业园区功能布局、人才培养、区域经济协同发展要因地制宜、因时制宜，服务高科技协同创新需求。

二、放大正外部性，促进产业发展

（一）高科技协同创新通过形成多元化新产品、专业化集聚和竞争性集聚，促进战略性新兴产业成长

首先，高科技协同创新通过科技产品、成果产业化和贸易发现新的消费需求，增加产品多样性，提高产品质量和降低价格，以新的技术供给创造消费需求；优化科技资源配置，开发新市场，拓展投资需求；提升装备性能，扩大出口，改善出口需求，进而改善需求结构。其次，通过跨行业的技术扩散、技术周期和产业关联优化产业结构，发挥国家级和地方高科技产业园、示范基地、高科技协同创新中心在技术转让、产业化等方面的集聚和带动效应，通过产业集群、学科集群和城市群密切协同、互动整合和联合攻关，促进区域技术进步和产业结构优化。

（二）高科技协同创新要促进传统产业改造升级

高科技协同创新的 Jacobs 外部性有助于形成多元化集聚，表现为围绕核心企业形成空间集聚，如各类高科技产业园区、创新示范区，从而加快传统企业改造生产技术和装备。高科技协同创新的 Porter 外部性增加企业间的竞争，特别是分系统和零部件承制单位的竞争，从而形成竞争性集聚。加速并放融合广度、深度和范围，加快工业的调整、优化、升级，形成一体化的国家战略体系和能力，促进传统产业结构转型升级。应通过科技创新要素立体的、动态的、优势互补的最佳组合来促进科技创新要素的发展，增加要素替代，加快要素流动，提高知识性要素(技术、管理、专利)比例，改变过去主要依靠资源、劳动力、资本等传统要素的局面，从而改造升级传统产业。

三、完善各项制度体系，推进制度创新

本节主要从组织管理体系、工作运行体系和政策制度体系方面提出相关的建议。

（一）组织管理体系

在组织管理体系方面，应构建横向到边、纵向到底、高效畅通的高科技协同创新体系，推动国家顶层到各区域科技协同发展的"一张图"规划和"一盘棋"建设。

第一，建立中央—部委—地方协同维度，可由中央科技委员会牵头，与国家发展改革委、科技部、工信部、国家数据局等部门进行战略协同，"自上而下"在科技协同发展规划、总体布局、跨区域和跨部门的重大合作、重大项目决策和公共物品供给方面进行统筹协调。

第二，建议在中央科技委员会下设立科技专项小组，负责高科技协同创新工作的决策、咨询和宏观指导，以及相关工作机制建设。

第三，建议省部级科技主管部门加强跨区域、跨部门间推进高科技协同创新的顶层设计和战略统筹。

第四，明确高科技协同创新的主要责任部门，接受科技专项小组和上级高科技协同创新业务部门的指导，负责全方位协同、推动落实科技领域协同创新的具体工作。

第五，在跨区域"自下而上"的协同方面，建议探索开放协同，建立快速响应科技需求的高科技协同创新机构体系，从供给侧推动先进前沿技术快速发现、快速引入、快速部署。

（二）工作运行体系

在工作运行体系方面做好以下工作：

第一，调整优化鼓励高科技协同创新的激励机制。建议在中央科技委员会统一领导下，联合科技创新管理部门制定推进高科技协同创新的配套政策和实施细则。加快政策的落地实施，将激励政策用实、用足、用好，激发广大科技人员的创新创造活力，更好地服务经济建设。依托高科技协同创新平台，采用举办挑战赛、开展项目等方式，面向各类创新主体征集先进技术解决方案。

第二，完善高科技协同创新的知识产权制度，明确协同创新成果转化中引进资金的奖励比例、对于中介组织可以提成的比例等。对科研人员和管理层实行股

权、期权激励，使其分享协同创新收益。

第三，推进高科技协同创新资源要素共建共享共用机制。统筹推进国家重点实验室与国防科技重点实验室、国家重大科技基础设施的科研设施、仪器设备、科学数据、实验材料等共享共用，但对于开放对象、程度、知识产权保护、保密要求还需进一步明晰。

第四，健全科学规范的考核评估体系。分类、分层次制定高科技协同创新的考核评估指标体系，综合考评经济和社会效益。对于侧重研发端的各协同创新高校、科研机构，应更加注重知识协同创新；对于侧重应用端的高科技协同创新平台、国家产业示范区，应更注重技术协同、产业集聚等。

（三）政策制度体系

在政策制度体系方面做好以下工作：

第一，完善金融政策支持体系。通过金融创新，将科技与金融相结合，采取各种直接融资和间接融资方式为高科技协同创新提供金融保障。对于无法产生直接市场利润、无法通过市场手段获得间接融资的重大项目与工程，可以探索通过国家开发银行这类政策性银行获得部分间接融资，带动商业银行和民间资本对高科技协同创新项目进行融资。鼓励金融机构开展产品和服务创新，探索知识产权质押贷款、股权质押贷款、信用保险和贸易融资、科技保险、产业链融资等新型融资服务，如科技支行为企业量身提供技改贷款、企业补贴贷款、订单融资等金融创新产品和服务。

第二，完善中介支持体系。进一步发展现有的技术转移中介服务机构，如上海技术交易所、中国技术交易所、安徽联合技术产权交易所、北方国家版权交易中心、北部湾产权交易所、成都知识产权交易中心、广州知识产权交易中心、贵州阳光产权交易所、海南国际知识产权交易所、湖南省知识产权交易中心、江苏国际知识产权运营交易中心、山东齐鲁知识产权交易中心、上海知识产权交易中心、山西省技术产权交易中心、陕西融盛知识产权平台、武汉知识产权交易所等，提高专业知识产权评估和交易服务水平。此外，交易平台要延伸拓展服务链条，一方面，要向应用性开发和中试进行前孵化器阶段延伸，更好地了解成果的背景和成熟度；另一方面，要向技术产业化阶段延伸，提供更精准的金融支持、平台渠道和服务支持等。科研院所、工业部门的成果转移管理机构要主动与中介交易平台建立长期、顺畅的沟通渠道，实现成果信息与市场需求的无缝衔接。

第三，完善相关法律服务体系。对于国家已经出台的关于科技创新的各类法律法规、政策文件，建议有关部门牵头组织全面、系统地梳理，逐一研究明确贯彻落实的具体措施，推动构建完备的高科技协同创新政策法规体系，搞好法律法规衔接。以上位法为龙头，以原子能、航天、太空、海洋等领域的法律法规为骨干，以空域管理、卫星导航、卫星数据、海洋信息、气象信息、网络空间、标准时间、土地等领域的法规、政策、标准为支撑，构建高科技协同创新法律体系。

四、扩大空间协同和价值链协同效应，促进区域经济发展

（一）以空间协同扩大空间溢出效应，促进区域经济增长

在做增量上，按照"开放融合、协同发展"的原则，采取"需求牵引、实体运营"的方式探索布局若干高科技协同创新平台，如国家创新重大科学基础装置、国家协同创新中心、国家重点实验室等；配套相关孵化器育成体系、科技中介服务体系、金融中介服务体系、法律中介服务体系等。在调存量上，结合国家区域协同发展战略规划和五大战区建设要求，调整科技资源区域配置，做好企业区位迁移的区域布局协同；抓住东部制造业等产业向中西部转移的机遇，形成科技创新资源梯度开发结构；通过协同创新资源集聚以点带面，形成区域经济发展的创新增长极。

（二）以价值链协同扩大价值链创新网络溢出效应，促进区域经济增长

要使市场在资源配置中起决定性作用和更好发挥政府作用，构建"科技—产业—金融—政府"四位一体的高科技协同创新网络，促进高科技协同创新主体间扁平化、网络化、柔性化的协同研发和协同制造，通过科技创新资源立体的、动态的、优势互补的最佳组合促进科技创新网络形成新的组合，增加要素替代，加快资源流动，以高科技协同创新管理体制、运行机制和法律法规等改革，激发协同创新活力和潜能，实现市场价值链协同。

 本章小结

本章立足实现"两个一百年"奋斗目标和中华民族伟大复兴的高度探讨高科技协同创新与高质量发展的关系。高质量发展是实现经济建设和国防建设相统一的全面、协同、可持续的高质量发展，是推动经济发展方式转变、经济结构优化和增长动力转换的高质量发展。高质量发展的核心就是要使市场在资源配置中起决定性作用和更好地发挥政府作用，通过高科技协同创新管理体制、运行机制和法律法规等改革，激发协同创新活力和潜能，提高劳动、资本、土地、知识、技术、管理、数据等要素的效率和效益。从需求升级、产业发展、制度创新、区域

经济四个方面分析高科技协同创新促进高质量发展的机理，构建高科技协同创新促进高质量发展的评价指标体系，最后提出四个方面的对策建议：服务国家重大战略需求；放大正外部性，促进产业发展；完善各项制度体系，推进制度创新；扩大空间协同和价值链协同效应，促进区域经济发展。

第三章
高科技协同创新推进重大项目建设

　　本章分析的重大项目包括国家重大科技专项和重大科技基础设施。重大科技专项是为了实现国家目标，通过核心技术突破和资源整合，在一定时限内完成的重大战略产品、关键共性技术和重大工程，是我国科技发展的重中之重。历史上，我国实施了以"两弹一星"、载人航天工程等为代表的若干重大专项，较大地提升了我国科技创新能力和综合国力。在全世界范围内，随着大科学的出现，诞生了大型科学研究装置，如第二次世界大战时期的"曼哈顿工程"建设了大型粒子加速器和核试验装置等大科学装置。随着科学研究由分散、孤立走向开放集成、大规模协同，重大科技基础设施的内涵由特指的大型装置逐步过渡到科学研究基础设施[①]。国家重大科技基础设施按用途分为三类：第一类是专用于某些科技前沿领域或前沿分享的设施，如正负电子对撞机、大型重离子加速器等；第二类是为多学科领域的科学研究提供强大支持的大型公共实验实施，如国家蛋白质实验中心等，第三类是用于公益性科学研究的设施，如授时台、遥感卫星地面站、国家超算中心等（潘泽生、甄树宁，2012）。国家重大科技基础设施通过长期的稳定运行和持续的科学活动，为国家经济建设、国家安全和社会发展做出战略性、基础性和前瞻性贡献。本章重点分析国家重大科技项目和基础设施高科技协同创新的做法，在进行国际对比分析的基础上提出建议与启示。

---

　　① 李泽霞，魏韧，曾钢，等.重大科技基础设施领域发展动态与趋势［J］.世界科技研究与发展，2019（6）：221-230.

第一节　重大项目建设贯彻高科技
协同创新的重大意义

近年来，围绕发展战略性新兴产业、改造升级传统产业、解决国民经济发展的"瓶颈"问题、提高人民健康水平和保障国家安全等方面，我国成功实施了载人航天与探月、北斗卫星导航、"天河二号"超级计算机、高分辨率对地观测系统、"快舟"卫星发射系统、量子通信卫星等一批科技重大项目和工程。其中，大型飞机、载人航天与探月工程、超级计算机、大型先进压水堆及高温气冷堆核电站等具有典型的高科技特征，对保障国家安全和增强综合国力具有重大战略意义。顺应全球化以及科学自身发展规律、优化配置创新资源、兼容国际与国内两个市场都要求重大科技项目和基础设施贯彻高科技协同创新。

一、适应全球化和信息技术发展，遵循创新驱动规律的客观需要

经济全球化促进世界范围内的分工与协作，经济发展越来越依靠创新驱动。阿波罗计划、人类基因组计划堪称科技创新大协作的典范。在阿波罗计划执行高峰期，参加工程的涉及美国军队和地方的80多个科研机构、200多所大学和2万多家企业，总人数达30万人[①]。人类基因组计划耗资约30亿美元，时间跨度长达15年，包括中国在内的18个国家的1100多名科学家。经济全球化时代的科技创新涉及现代科学、技术、经济、社会的各方面，要求创新主体集中攻关，实现跨部门、跨领域、跨区域、跨行业的大力协同。

科学前沿的革命性突破越来越依赖重大科技项目、重大科学基础设施的牵引拉动。20世纪中后期，以信息技术为核心的科技革命迅猛发展，深刻改变了社会经济发展面貌。IT时代产生了推动信息技术发展的重要思想方法——"分布架构"，即信息系统和科技创新组织模式由纵向金字塔等级模式转变为日趋扁平化、网络化的横向分布式协作模式，嵌入网络的每个对象是既分工又协作的关系。此外，信息技术的开源创造和云计算需要各方参与和协同创新。以Google、Facebook（现改名为Meta）为代表的全球90%以上的云计算在开源上运行，云计算迫切需要解决的安全性、稳定性、兼容性等问题需要全球的协同创新。信息技术

---

① 刘载锋，刘艳琼，苏海燕．两弹一星工程与大科学［M］．济南：山东教育出版社，2003.

分布架构和开源创造的特点使得信息时代能充分利用横向力量打破科研和学科发展的条块分割，突破军用和民用的藩篱，从技术层面使科技创新的组织模式由封闭与离散走向开放与协同。

二、优化配置创新资源，建设创新型国家的现实需要

党的十九大报告提出加快建设创新型国家的明确要求，创新型国家是以科技创新作为社会发展核心驱动力，以技术和知识作为国民财富创造的主要源泉，具有强大创新竞争优势的国家。自主创新能力的提升并非企业、大学和科研机构各创新主体能力要素的简单叠加，而是迫切需要各类互补性要素之间的协同与整合优化。随着科学研究与技术研发相互依托、协同突破的趋势日益明显，技术两用性和资产通用性使高科技协同创新不仅成为可能，而且成为必须。

在《国家中长期科学与技术发展规划纲要（2006—2020年）》公布的16个重大科技专项中，大型飞机、载人航天与探月工程、大型先进压水堆及高温气冷堆核电站等具有典型的高科技特征。"十一五"时期开始建设的国家重大基础设施为国民经济提供了重要服务。因此，国家重大项目和基础设施建设应走高科技协同创新道路，突出重大科技项目和基础设施在我国总体发展战略中的基础性、前瞻性和战略性作用，加强与军队和地方相关规划、计划的衔接，使国防科技创新体系深深融入国家创新体系，实现资源共享、优势互补、协同发展，促进自主创新能力提升，有力支撑创新型国家建设。

三、兼容国际国内两个市场，放大产业辐射带动效应的迫切需要

高科技协同创新要注重技术先进性，但也要考虑占有更大的市场份额，赢得更多的利润，要综合考虑成本、感官舒适度、营销策略等，技术创新更多迎合市场需求，需要产业化形成规模效应。产业化的不同特点要求在知识扩散和转移过程中进行高科技协同创新。在重大科技项目和基础设施的建设和运行中，越来越注重科学探索与技术变革的结合。通过兼容国际国内两个市场，衍生大量新技术、新工艺和新装备，加快高新技术的孕育、转化和应用。我国在若干重要领域超前布局一批重大科技项目和基础设施，有利于更好地促进产业技术进步，破解经济社会发展中的瓶颈性科学难题，对加快培育战略性新兴产业、实现经济发展方式转变、支撑经济社会发展具有重要意义。

例如，卫星导航定位在国内外有广泛的应用前景，但到2002年底国内手持式用户机研制还未取得突破。2003年，有关单位进行联合协同创新，针对不同

客户对可靠性、稳定性、小型化和便捷性的不同需求特点，研制出 20 余种"北斗一号"用户机供选择，被多家单位用于抢险救灾、边防巡逻、科学考察等领域。超级计算机是科学研究的第三种工具，是产业发展的利器，是城市管理和社会信息化的平台，其军用和民用空间非常广阔。2008 年，深圳市调查发现，深圳及周边地区超算需求能力大体达到 800 万亿次，中国港澳台地区、东南亚地区达到 300 万亿次。应通过产业关联、用户体验、政府应用等途径，发挥国家超算中心的产业辐射带动效应。

第二节　重大项目建设贯彻高科技协同创新的现状

本节梳理《国家中长期科学与技术发展规划纲要（2006—2020 年）》提出的 16 项重大科技专项和"十一五"到"十三五"时期我国重大科技基础设施的基本情况。以提升国内大口径先进光学元件超精密制造能力的某重大专项、国家超级计算长沙中心和国家蛋白质科学中心·北京（凤凰中心）为例，分析国家重大科技项目和基础设施高科技协同创新的做法和存在的问题。

一、重大科技项目高科技协同创新的主要做法

《国家中长期科学与技术发展规划纲要（2006—2020 年）》提出的 16 项重大科技专项（公布 13 项）如表 3-1 所示，其中民口专项 10 个[①]。

表 3-1　重大科技专项

序号	名称	序号	名称
1	核心电子元器件、高端通用芯片及基础软件	8	转基因生物新品种培育
2	极大规模基础电路制造技术及成套工艺	9	重大新药创制
3	新一代宽带无线移动通信	10	艾滋病和病毒性肝炎等重大传染病防治
4	高档数控机床与机床制造技术	11	大型飞机
5	大型油气田及煤层开发	12	高分辨率对地观测系统
6	大型先进压水堆及高温气冷堆核电站	13	载人航天与探月工程
7	水体污染控制与治理		

---

① 张义芳. 民口科技重大专项管理需求与管理体制探析［J］. 科技管理研究. 2014, 34（4）: 195-198.

中国工程物理研究院联合国内 31 家科研优势单位，以"高档数控机床与基础制造装备"重大科技专项为依托，组织实施提升国内大口径先进光学元件超精密制造能力的某专项，探索高科技协同创新推进国家重大科技专项建设的新模式。淡晶晶等（2019）总结了该专项以高科技协同创新推进重大科技专项的做法，具体如下。

（一）构建多角度高科技协同创新机制

1. 战略需求协同

以大科学工程战略需求为牵引，建立需求对接机制，采取联合研发方式，围绕光电、信息等通用性高的领域，筛选论证技术研发重点方向，加强技术研发的系统性和预见性。

2. 政策法规协同

加强点面结合、多层次、多渠道的顶层设计，制定分阶段实施的目标和路线图，构建以顶层法规为牵引的系统配套法规体系；明确大科学和大工程中政府、需求方、供应商的地位作用、职责分工、权益维护、采购方式、采购流程等重大问题。

3. 组织管理协同

科学组织大科学工程各类机构并激发其创造力是高科技协同创新落实的关键。充分整合、完善和利用现有存量的生产要素，强化具有最大化价值增量的衔接配套；以项目管理为抓手，推动基础技术、前沿技术、关键技术联合攻关；以问题为导向，分层分类管理，从项目规划、立项审批、评估验收等基本环节打破区域、部门分割的藩篱。

4. 技术标准协同

构建开放共享的标准体系，尽量做到标准兼容，破除标准壁垒。结合用户需求、产品制造工艺、使用特点，研制特定产品生命周期内的适用标准，同时满足产品功能的拓展性和改进需求。

5. 信息平台协同

通过信息共享平台使所有大科学工程参与方能通过正常渠道获得研发、采购、维修保障、政策程序等相关信息，并就产品解决方案、使用、质量控制等问题及时交流反馈，解决信息不对称问题。

6. 知识产权应用协同

强化知识产权战略，重点解决知识产权归属问题和知识产权利益分配问题；健全"归属清晰、权责明确、保护严格、流转顺畅"的知识产权管理制度。

7. 产业链协同

以"小核心、大协作"的大科学工程科研生产体系为目标，通过延伸产业链，吸引有资质的优质民营企业参与大科学工程科研生产，构建基于系统集成、专业承包、产品供应和基础性科研机构的科研生产组织体系，发挥"国家队"在突破关键核心技术上的引领示范作用，打造全链条核心产业能力。

8. 人才培养协同

加强科研院所、高校与高科技企业间人才培养交流的深度融合，统筹建立大科学工程研制所需的科技、工程、生产、管理人才培养机制。

（二）探索以协同推进科学技术、人才、资源融合互动发展的新模式

该专项以巨型高功率激光装置作为整合跨区域、跨学科、跨组织资源的集成平台，以开放姿态构建合作共赢的利益共同体。通过集成装置构建自主创新的先进光学制造业能力体系，打造从原材料、主材、加工、镀膜到监测等的大口径光学元器件研制产业链条。发挥协同化优势，同时引入竞争机制，尝试改变主承包商控制市场的局面，引导和鼓励其他掌握创新技术的组织进入国防领域，形成科研院所、高校和企业相互协同，"小核心、大协作"的工程供货生产格局。实现"卡脖子"关键核心技术的自主可控，在关系根本和全局的科学问题上实现全链条关键技术的自主可控。

二、重大科技基础设施高科技协同创新的主要做法

"十一五"国家重大科技基础设施共12项，"十二五"国家重大科技基础设施共16项，"十三五"国家重大基础设施优先项目10项、后备项目5项。截止到2023年6月，科技部批准了10家国家超级计算中心（见表3-2）。下面以国家超级计算长沙中心和国家蛋白质科学中心·北京（凤凰中心）为代表，分析国家重大科技基础设施高科技协同创新的主要做法。

表3-2　国家超级计算中心基本情况

超级计算中心	主管单位	峰值性能/投入使用时间	建筑面积	投资情况	应用情况	运营模式
天津	天津市滨海新区科委	4700万亿次/2010年	9000平方米	约6亿元	石油勘探数据处理、生物医药、新材料新能源、高端装备设计与仿真、动漫与影视渲染、空气动力学、流体力学、天气预报、气候预测、海洋环境模拟分析、航天航空遥感数据处理、云计算技术研究、云平台构建与部署工作	自主运营

超级计算中心	主管单位	峰值性能/投入使用时间	建筑面积	投资情况	应用情况	运营模式
深圳	深圳市科技创新委员会	1271万亿次/2011年	4.3万平方米	12.3亿元	立足深圳、面向全国、服务华南、港、澳、台及东南亚地区，应用领域覆盖结构强度、动力学、运动学、碰撞安全、流体力学的工程计算、计算物理、计算化学、地球物理学、生物、气象、医药、运筹优化	自主运营
济南	山东科学院	1372万亿/2011年	2500平方米	约6亿元	生物医药、航空航天、气象预报、工程设计、海洋模拟等	自主运营
广州	广州市政府	10.07亿亿次/2014年	42332万平方米	约25亿元	化学、生物、材料、工业仿真、流体计算、动漫渲染、气象预报等多个学科	依托中山大学
长沙	湖南省科技厅	1372万亿/2014年	267万平方米	约8.6亿元	支撑数字湖南建设、气象公共服务、高端机械装备设计、"天地图"南方数据中心和网络监控等应用	依托湖南大学
无锡	科技部、江苏省和无锡市三方共同投资建设	12.54亿亿次/2016年	1.8万平方米	18亿元	天气气候、航空航天、海洋科学、新药创制、先进制造、新材料等领域	依托清华大学
郑州	河南省科技厅	1100万亿/2017年	4万平方米	4310万元	围绕人工智能、装备制造、精准医学、生物育种等方面开展一批重点特色应用	依托郑州大学
昆山	昆山市科技局	40亿亿次/2020年	—	20多亿元	承接长三角区域大科学装置的先进计算及科学大数据处理业务，与苏州深时数字地球研究中心、上海脑科学研究中心等开展战略合作，重点围绕人工智能、生物医药、物理化学材料、大气海洋环境等前沿科学领域开展应用计算研究与服务	自主运营
成都	四川成都天府新区	10亿亿次/2022年	6万平方米	25亿元	成都中心的超算服务被誉为"西部最强大脑"。投运以来，先后为北京、上海等35个城市提供了算力服务，领域涵盖航空航天、装备制造、新型材料、人工智能等30个领域	自主运营
西安	陕西省人民政府	1100万亿次/2021年	16.55万平方米	30亿元	先进制造、芯片设计、新型材料、影视特效、人工智能、图像语音识别、能源利用、天文物理、基础科学研究、生物医药、基因序列、精准医疗等	西安航天基地

资料来源：笔者根据各国家超级计算中心网站内容整理。

（一）国家超级计算长沙中心

超级计算机是促进国家高科技领域发展和尖端技术研发的重要利器，也是区域创新驱动能力的重要支撑，更是大国博弈必争的战略高地。国家超级计算长沙中心（以下简称超算长沙中心）是2010年10月由科技部批准的第三家国家级超级计算中心。超算长沙中心以解决重大科学研究、重大工程技术、重大产业技术中的突出问题为目标，充分发挥算天、算地、算人的独特优势，先后为867家单位提供高性能计算、云计算与大数据以及其他综合性服务，逐步形成集"科学研究、技术创新、公共服务、人才培养"于一体的国家重要科技创新和信息化公共服务平台、战略性基础设施、公益服务机构，对于推动创新型湖南建设，促进长株潭国家级创新示范区发展具有重要意义。超算长沙中心在高科技协同创新方面的主要做法如下。

1. 政府主导、区域合作、省校共建的协同创新模式

超算长沙中心采用"政府主导、区域合作、省校共建"的协同创新模式，由湖南省政府负责资金投入并组建理事会统筹发展，湖南大学负责运营管理，国防科技大学负责技术支撑。2011年6月，项目主机设备在国防科技大学全面上网试运行。2013年7月，项目主体建筑工程竣工，主体建筑总建筑面积约2.7万平方米。同时，主机设备从国防科技大学搬迁至湖南大学新址，并完成安装调试。2014年11月4日，超算长沙中心在湖南大学正式运营。理事长单位为湖南省人民政府办公厅，副理事长单位包括湖南大学、国防科技大学、湖南省科技厅、湖南省经济和信息化委员会、湖南省财政厅、长沙市人民政府，理事单位包括湖南省教育厅、公安厅等10个省级单位以及长沙市高新区管委会，理事会秘书处为湖南省科技厅。

2. 立足本地，聚焦特色产业，服务区域经济

超算长沙中心应用服务聚焦湖南优势特色产业，突出主攻方向，打造特色高性能计算服务平台，高质量助推湖南省"强链计划"。一是布局大数据产业链。大数据产业是稀有资产和新兴产业。大数据产业通过对行业和领域数据的统计、分析、挖掘以及人工智能挖掘数据金矿，创造财富价值。超算长沙中心与卫生健康委员会相关机构、北京天坛医院、湘雅医院、华西医院等单位联合建立医疗大数据中心，在此基础上研发类似"人工智能医生CDSS"等产品；与招商银行、中国工商银行等联合建立金融企业征信大数据平台、金融风控平台和企业风险预警平台；与国内高校、省内著名中小学、著名教育机构合作建立教育大数据中心；以教育部湖南大学舆情监测中心为样板，在湖南省委网信办和相关机构支持下建设湖南省网络舆情大数据中心，并力争在全国推广试点。二是助力智能制造产业

链。湖南把智能制造作为牵引产业升级和经济转型的"牛鼻子",三一集团等9家湘企成为全国智能制造试点示范企业。但湖南存在各自为政建设云平台的问题,如长沙市工业云平台、株洲市中国工业技术软件化云平台、株洲轨道交通工业云平台等。为避免重复建设,建议湖南省工信厅会同湖南省发展改革委,依托超算长沙中心,统一建设湖南省智能制造云平台,打造服务企业生命周期管理的云制造、促进创新创业资源汇聚和协同的云双创、宏观呈现企业生态环境与供给能力的云全景模块、助力企业产经融合的云金融模块、为企业服务的云政务等综合服务平台。三是支持文化创意产业链。超算长沙中心与湖南广电集团共建"联合实验室",依托超算长沙中心提供全天候视频渲染服务,打造"数字马栏山",为马栏山视频文化创意产业园提供开放化、市场化、数字化、计算化的产业支撑服务,推动实现视频产业园虚实结合、产城融合发展目标。

3. 发挥区位布局优势错位发展,放大外部性和溢出效益,高效率辐射带动周边发展

高性能计算能力是重要战略性资源,除了经济效益,还会对社会产生较大的外部性和溢出效益。超算长沙中心要主动对接国家重大战略需求,高效率辐射带动周边发展。超算长沙中心立足湖南,对接"一带一路"倡议,辐射中西部。一是对接"一带一路"倡议。超算长沙中心与"一带一路"沿线国家大学和学术机构开展深层次、多形式、全方位的科技合作与技术交流,并以落实"E-Village"项目二期工程为基础,深化与孟加拉国等国家和地区的合作,为落实"一带一路"倡议贡献力量。二是对接中部崛起、西部大开发,辐射中西部。超算长沙中心发挥中西部地区唯一的国家超级计算中心的区位优势,以国家中西部建设重大需求为导向,以项目为抓手,推进超算中心计算与服务在广西、云南、江西、贵州、甘肃、青海等中西部地区的应用推广,形成立足湖南、辐射中西部、面向全国的区域科技大协作、大发展格局。三是对接国家部委长江经济带发展战略实施方案。超算长沙中心抓住长江经济带发展的重要战略机遇,充分发挥其在长江中上游地区国家超级计算方面的优势,主动对接国家发展改革委、科技部、工信部联合发布的《长江经济带创新驱动产业转型升级方案》,打造长江经济带中上游重要的国家工程中心和高性能计算区域合作平台,力争成为国家级工程中心,积极对接教育部《"科技创新与人才培养联合体"建设方案》,联合国防科技大学、湖南大学等高校推动"长江经济带新一代智能计算系统技术发展中心"在湖南省落地。

(二) 国家蛋白质科学中心·北京(凤凰中心)

国家蛋白质科学中心·北京(凤凰中心)(以下简称凤凰中心)是国家发展改

革委批准立项的生物学领域首个国家重大科学基础设施。2008年，国家依托中国军事医学科学院、清华大学、北京大学、中国科学院生物物理研究所共同建设凤凰中心。凤凰中心是开展大规模蛋白质研究与开发，抢占生命科学研究战略前沿必要的基础条件。它的使命是：提供专业的"一站式"技术服务；提升中国蛋白质科学研究水平，支持国内外蛋白质前沿研究，促进蛋白质领域的合作研究，加强蛋白质研究的转化应用。凤凰中心借助"中国人类蛋白质组计划"重点专项及后续重大科研项目，加强与国内其他优势科研单位、临床单位及企业的合作，充分发挥凤凰中心大规模产出、分析蛋白质组数据的技术优势，推动临床新技术、新产品应用开发，为国家重大疾病预防诊治及生物安全的防控提供技术支持。凤凰中心高科技协同创新的重要做法如下。

1. 人才引进

在人才引进上，利用国家和北京市相关政策，通过、北京市海外人才聚集工程、国际招聘、特招入伍等多种方式引进科研能力突出的青年学术带头人，建立灵活的人才引进机制。

2. 科学研究

在科学研究上，通过"中国人类蛋白质组计划"等重大项目的推进实施，动员国内优势团队参与基础性研究和关键核心技术研究，建立"大科学、大协作、大成果"的协同机制，所获研究成果在国家重大公共安全事件应急中发挥着重要作用。在应对埃博拉疫情中，凤凰中心在国际上率先绘制病毒遗传图谱，从分子水平确认了埃博拉疫苗和药物的有效性。凤凰中心发现CKIP-1对治疗失重条件下骨丢失具有显著效果，为骨丢失病预防与治疗提供了先期技术准备。

3. 运行机制

在运行机制上，建立"科企结合、强强联合"的兼容机制。凤凰中心积极探索与在京其他国家重大科技基础设施协作；与山东农业大学作物生物学国家重点实验室签署战略合作协议，推动国家重点实验室间的交流协作；积极与地方科技和产业主管部门沟通，申请地方人才资助项目、国际交流合作项目、属地产业化扶持项目、企业合作项目等，以多元化科研项目和经费来源资助基础科学和应用技术研发。

三、重大项目高科技协同创新存在的问题

国家重大项目和基础设施在运行中对高科技协同创新进行了尝试和探索，但尚未形成常态化工作机制，还存在顶层统筹缺乏、政策法规和运行机制滞后等突出问题。

(一) 国家重大项目高科技协同创新跨部门工作机制不健全

国家重大科技专项实施过程中虽然在内部形成了一些临时性的跨部门、跨区域的协同沟通机制，但是仍然存在顶层统筹缺乏、协同不够密切、政策法规滞后等问题。一是尚未形成开放协同、顺畅高效的常态化组织管理体制，工作推进中职责划分不够明确，高科技协同创新的深度、连续性得不到保障。二是高科技协同创新还不够密切。Victor W. Hwang (2015) 揭示了创新生态中的"热带雨林效应"：以往由技术市场连接供需双方，创新的可能性是 (N-1)/2 次，加强创新主体间的协同后，创新的可能性就变成 N×(N-1)/2 次，形成网络的倍增联络效应，推动创新不断涌现。高科技协同创新各主体间的协同还不密切，对于研发进展、市场需求、产业前景、融资问题缺乏密切沟通和对接，导致协同创新的"孤岛效应。当面临产业重大需求的战略性调整时，现有协同创新存在不适应、不满足现象，难以很好地解决技术创新产业化问题。高校按学科门类、学科大类或专业设置院或系所，这使得高科技协同创新中的高校科研院所更多是围绕学科或某研究领域进行协同创新，学科细化和研究的各自为政将科技创新人为划分为众多小块，协同创新多是单个项目的松散合作，缺乏学科集群和产业集群间的长期密切协同。三是民营企业参与高科技协同创新质量不高。国内涌现出以华为为代表的高新技术企业，主动与复旦大学、上海交通大学、东南大学、南京大学等"双一流"高校开展合作与协同创新，但大部分民营企业参与高科技协同创新的意愿和能力还不强，高科技协同创新仍以高校、科研院所为主体。

(二) 国家重大项目高科技协同创新中的风险分摊和利益分配不够明确

高科技协同创新过程中最主要的风险是技术风险和市场风险。在目前的高科技协同创新过程中，事先没有明确各创新主体的责任与义务，没有对各方的风险责任进行分阶段、分层次分解以及量化考评，造成事前的"道德风险"和事后的"逆向选择"，影响协同创新合作项目的进展。与风险分摊密切联系的是利益分配问题，这是高科技协同创新中矛盾最突出的问题。在协同创新过程中，各创新主体的利益诉求和出发点不完全一致，个体的理性可能导致群体的非理性，个体的利益最优可能导致群体利益最小化。科研工作者更倾向于追求学术价值、学术声誉、发表论文专著和成果报奖等，将科技成果面向市场推广应用的动力不足，特别是某些探索性强的前沿学科本身离应用就有很大差距，难以在短时间内做到应用推广，致使"好成果"停留在实验室。企业则更关心市场份额和利润，对投入大量资金进行协同创新缺乏主动性。据对高校、科研院所的调查，在影响协同创新合作项目的因素中，权益分配不当占49%，其他因素占25%，人际关系不协调占19%①。可见，利益分配是否合理成为影响协同创新的关键因素。然而，目前缺乏对高科技协同创新中利益分配各要素权重的定量评估，如技术如何折资入股，技术、资本、土地在利益分配中分别应占多少权重等；对于利益分配纠纷缺乏事先明确的约定和事后的强制约束力。

（三）国家重大项目高科技协同创新中对知识产权的保护不够主动

国家重大项目创新往往会产生一批有影响力的专利，但协同创新中对知识产权的保护不够主动，对协同创新技术和成果的价值以及产生的收益缺乏科学合理评估，符合各方利益的知识产权管理制度不完善，难以将技术优势转化为竞争优势和市场优势，从而影响协同创新各方合作的积极性。部分地方高校根据《中华人民共和国促进科技成果转化法》《高等学校知识产权保护管理规定》制定了各自的知识产权保护政策（见表3-3）。总体而言，部分高校知识产权保护政策中规定的高于《高等学校知识产权保护管理规定》的"提取不低于知识产权或职务发明创造、职务技术成果转让净收入的20%，从促进成果产业化的净收入中提取不低于30%"，但是对于协同创新、合作创新的保护、转化缺乏定量可操作的规定。

表3-3 部分高校知识产权保护相关政策

高校	相关政策	具体内容
清华大学	《清华大学关于促进科技成果转化的若干规定》	在科技成果以技术入股的形式转移到企业时，可用该科技成果所占股份的20%～50%，以股权形式对成果发明人给予奖励
北京大学	《北京大学科技开发收入管理的若干规定（试行）》	转让技术成果： 1. 向校外转让职务技术成果的，上缴15%给学校作为管理费，上缴10%给单位作为管理费，余额的60%作为项目组的发展基金，40%作为项目组的劳务费和奖酬金 2. 转让非职务技术成果的，学校收取合同到款额的10%作为科技开发基金，其余部分由非职务技术成果拥有者支配，提现金者按国家规定缴纳所得税 3. 向校内转让技术成果的转让费，上缴学校的部分为向校外转让技术成果的75%，其余与第一点相同 实施专利和出让专利使用权： 1. 由专利发明人所在单位实施专利，每年可从实施专利所得的税后利润中提取2%(外观设计为0.2%)作为报酬发给发明人或设计者。 2. 以年利润或销售额提成形式出售专利使用权，其收入的30%上缴学校，各单位可提取不超过15%的管理费，余额的50%作为项目组的发展基金，50%作为项目组的福利基金和劳务酬金

---

① 严雄. 产学研协同创新五大问题亟待破解［N］. 中国高新技术产业导报，2007-03-19.

高校	相关政策	具体内容
中国科学技术大学	《关于促进中国科学技术大学科技成果产业化的若干暂行规定》	科技成果作价占合资公司股份方面，若科技成果作价金额占公司注册资金的比例小于或等于30%，则将科技成果作价金额的不超过30%以股份形式奖励给课题组的科技人员；若科技成果作价金额超过公司注册资金的30%，则超过部分的不超过50%再以股份形式奖励给课题组的科技人员
南京大学	《南京大学科技成果转化条例（试行）》	1. 以横向科研项目形式转化的科技成果，按学校横向科研经费有关管理规定执行。其中，由中心具体负责组织和实施的科技成果转化，中心提取收益的10%作为项目管理费，学校不再提取管理费 2. 以技术入股形式转化的科技成果，技术股权按20∶10∶70的分配比例由学校、院系、研发人员分别所有。学校和院系所有的30%的技术股权，由南京大学资产经营有限公司负责管理，并将实际获得的股权收益分发给有关院系 3. 专利转让和许可获得的收益按20∶10∶70的分配比例由学校、院系、研发人员分别所有。专利自申请日起2年内实现的转让和许可收益，学校和院系收益的全部用于奖励研发人员。专利自申请日2年以上、4年以内实现的转让和许可收益，学校和院系收益的50%用于奖励研发人员。外国专利的转让和许可获得的收益全部奖励给研发人员
上海交通大学	《上海交通大学科技成果转化管理细则（试行）》	1. 以学校名义和自主知识产权入股创办的股份制企业，其交易股份比例分配中，项目知识产权形成的直接贡献者可得60%，同时应按所得的无形资产股权的10%，以现金形式进行股权投资；学校和项目所在的院、系、所可各得20% 2. 当科研人员在组建具有自主知识产权的高新技术企业时，若希望控股或增大持股比例，可以将其不超过70%的横向科研结余经费用于企业的股权投资，学校将该科研人员所持有的横向结余经费按个人投资的4倍额度奖励其股权

资料来源：笔者根据各高校科研部门网站资料整理。

（四）重大基础设施亟须探索可持续运营方式

以国家超级计算中心为例，重大科技基础设施亟须探索可持续运营的模式。一是我国超级计算机研制发展模式采用优先发展系统性能再拉动超算应用发展的策略，这往往导致超算系统应用初期效率偏低[①]。超级计算机更新换代快，而且更新换代费用和相关配套费用高昂。目前，国家超级计算天津中心实现了自负盈亏，但大多数国家超算中心还需要巨额的财政支持来维持运营。二是重硬件轻软件导致经费投入比例失调，应用软件可扩展性偏低。超算应用的大部分商业软件被国外垄断，不仅要支付巨额软件采购费用，而且软件升级受制于人，应用生态尚未建立，导致"好马"欠"好鞍"的现象。三是超算应用软件研发人才严重匮乏，研发力量分散。高校相关人才培养体系、培养计划和课程设置落后于超算应用领域的人才需求。现有科研评价体系难以对超算应用软件的研发做出客观评价，导致软件研发人

---

① 张云泉．中国超算"暂时有劲使不上"，怎么破［N］．环球时报，2018-07-02．

员流失。四是现有国家超级计算中心同质化竞争较多，结合区域特色的错位发展还做得不够，尚未聚焦优势产业，辐射带动效应有待加强，在实际中难以发挥最高效率，距离拉动国家科技创新和国民经济发展的目标还存在一定差距。

第三节　重大项目建设高科技协同创新的国际经验

通过横向比较国外主要经验，可以为我国高科技协同创新推动重大项目和基础设施建设提供参考与借鉴。

一、政府以战略、规划、计划布局创新方向

无论是重大项目还是基础设施建设，美国政府都在其中扮演了极其重要的角色。美国历史上的很多重大技术突破都是由政府科技计划引领的，如"曼哈顿计划""阿波罗计划""星球大战计划""先进技术计划""国家信息基础设施计划""美国国家竞争力计划""国家宽带计划""国家纳米计划""美国国家人工智能研究和发展战略计划""国家量子信息科学战略计划"等①。美国国防部下设 10 个研究机构、10 个实验室，负责布局一些重大的科研项目。美国国防部的一个重要的职能就是布局、发现、辨识和培育具有潜在军用价值的前沿性、战略性、颠覆性技术，带动全局科技创新。

以国家基础设施高性能计算机为例，美国政府在高性能计算技术发展中起到了重要作用。美国政府主要通过两个途径直接或间接地影响高性能计算技术：一是政府是超级计算机的主要采购方，通过大规模订购分摊供应商的风险；二是政府通过政策决策为超级计算机发展提供资助。

美国政府通过立法推动高性能计算技术发展。例如，1986 年通过的《超级计算机网络学习法案》(*Supercomputer Network Study Act*)，1998 年的《高性能计算法案修正案》(*Amendment High Performance Computing Act*)，2007 年的《竞争法》(*Competes Act*)，2014 年的《美国竞争法再授权》(*America Competes Act Reauthorization*)。除了立法规范，政府还在资金上支持美国高性能计算技术发展。表 3-4 给出了在《高性能计算法案》(HPCA)实施后美国相关部门获得的资助，从中可知资助金额总体呈逐年上升趋势。

---

① 卢周来.从美国的经验看政府在科技创新中的作用［J］.经济导刊，2019（2）：54-59.

表 3-4 《高性能计算法案》实施后美国相关部门获得的资助

单位：百万美元

部门	1992 年	1993 年	1994 年	1995 年	1996 年
美国国家卫生基金会	213	262	305	354	413
美国国家航空航天局	72	107	134	151	145
能源部	93	110	138	157	169
美国国家标准与技术研究院	2.5	3	3.5	4	4.5
美国环保署	5	5.5	6	6.5	7
美国教育部	1.5	1.7	1.9	2.1	2.3

资料来源：Walsh K. Competitive Response Patterns in the Funding of High Performance Computing〔C〕. IGCC Conference on Comparing High Performance Computing in the U. S. and China, University of California, San Diego, California, 2014.

随着全球高性能计算领域的竞争日益激烈，美国产生了强烈的紧迫感和危机意识。2015 年 7 月出台的美国"国家战略计算计划"项目（NSCI）要求美国政府"必须采取'整体政府'策略，利用各政府部门、机构在高性能计算领域拥有的专业知识与资产，充分调动机构自身的力量，同时，加强各政府部门、机构间的合作以及政府部门与产业界和学术界的合作"①。为加强美国国家实验室的计算能力，保持美国在科技方面创新能力的可持续发展，维持美国的竞争力，美国斥资 4.25 亿美元研发最快超级计算机，其中在劳伦斯·利弗莫尔国家实验室和橡树岭国家实验室安装两套 IBM 公司生产的计算机系统，价值总计 3.25 亿美元。另外，投资 1 亿美元，用于进一步开发超大规模计算技术，这是美国"快步前进 2"计划的一部分②。

二、国家战略科技力量牵头高科技协同创新

高科技创新早期存在投资大、周期长、风险高、协同难等特点。世界发达国家主要通过国家战略科技力量牵头早期高科技协同创新，技术趋于成熟后，国家培育公私合营模式，要求工业界、学术界力量广泛参与。

在超级计算机发展早期，美国政府主要通过国家实验室的国防需求刺激和促进超级计算机技术发展③。第二次世界大战期间，美国高性能计算技术最先运用

---

① 参见 http：//www. cetin. net. cn/gcw/index. php? m=content&c=index&a=show&catid=9&id=9004。

② 参见 http：//science. cankaoxiaoxi. com/2014/1116/565463_4. shtml。

③ Neely J R. The US Government Role in HPC: Mission and Policy〔R〕. 2014 IGCC Conference on Comparing High Performance Computing in the US and China, University of California, San Diego, Califorrnia, 2014：132-135.

于军方模拟核弹爆炸。美国第一个签署停止地下核试验条约，为了确保美国核武器的优势和威慑力量，美国加快了万亿次超级计算机的研制。此时，美国民用计算机在全球处于领先地位，但万亿次计算机的实际需求小，研发成本高，工业界进展缓慢。美国能源部制定了 ASCI 计划，由能源部下属的劳伦斯·利弗莫尔实验室、洛斯·阿拉莫斯实验室和桑地亚实验室三家国防计算实验室研制万亿次高性能计算机，其初衷是帮助美国军方解决贮存核武器安全性的测试问题。随后，美国空军采用 IBM 公司的 SP 超级计算机提高美军空中监视系统的能力。在获得军方资助后，美国高性能计算机在民用领域的应用得到推广使用。

随着研发推进，高性能计算的经验和技术日趋成熟。美国将这些经验和技术转用于其他商业应用和网络信息服务领域的计算机产品研发，并广泛应用于气象预测、地震预报、能源勘探、动漫制作等领域。民用领域的推广为美国高性能计算机发展提供了经费资助和用户反馈。此外，高性能计算机也广泛应用到模拟早期宇宙、基因测序等公共基础研究领域。2015 年 7 月出台的美国"国家战略计算计划"项目提出要坚持四项原则，其中之一就是"政府必须在依靠政府、工业界、学术界力量的基础上培育公私合作模式，以便最大限度地发挥高性能计算技术的作用"[1]。

三、通过跨部门协调机制推动重大项目协同创新

对具有重大战略意义的跨部门科技计划，美国依托总统办事机构建立高规格的领导协调机制。总统办事机构包括总统科技助理领导的白宫科技政策办公室（OSTP）和总统任主席、联邦部门负责人为成员的国家科技委员会（NSTC）。其中，OSTP 主要辅助总统科技决策，负责行政管理；NSTC 是联邦重大科技事物综合协调中心，其中一项重要职责就是领导和协调联邦重要跨部门科技计划，下设网络信息技术、航空、纳米科学工程与技术等 14 个分委员会，分委员会下设若干小组委员会协调推动工作。NSTC 形成了一套法定程序进行协调领导，包括决策议事规则、咨询机制、评估机制、报告机制、信息沟通机制等。NSTC 依法设立独立咨询评估机构，对计划的战略规划、执行过程和效果长期跟踪、分析和评估（张义芳，2014a）。

对于大量具体日常协同工作，通过专职协调办公室配备全职人员进行协调。在 20 世纪 90 年代，美国高性能计算与通信计划（HPCC）首创实体化的国家协调

---

[1]　参见 http：//www. cetin. net. cn/gcw/index. php? m＝content&c＝index&a＝show&catid＝9&id＝9004。

办公室(NCO),取得良好效果①。这一举措被美国国家纳米计划等效仿。2012年,美国总统科技顾问委员会发布的纳米计划评估报告建议扩大 NCO 的作用,将纳米计划年资助经费的 0.3% 用于支持 NCO 开展协调工作。

美国将财政控制权和跨部门协作绩效评估作为有力的协调手段。1939 年,美国通过《重组法》将公共预算局由财政部转移到白宫,使其成为总统直属机构,后合并到白宫管理与预算办公室(OMB)。每年 OMB 与 OSTP 一起制定和发布政府科技优先领域年度指南,指导各部门将资源重点用于跨部门重大科技计划等国家战略(张义芳,2014b)。

四、国家重大基础设施共享共用

美国国家实验室科研基础设施的创新范式经过了封闭式创新、有限的开放式创新和开放式创新三个阶段。根据开放对象、性质和程度不同,美国国家实验室科研基础设施的创新范式存在合作研发协议(CRADA)、对外服务(WFO)、技术商业化协议(ACT)和用户协议(UFA)四类(冯伟波等,2020)。俄罗斯重大科技基础设施建成运行后,不仅为专业技术人员提供科研服务,还作为公共研究平台对全社会提供科技服务。例如,截至 2012 年,俄罗斯通过建立俄联邦科研设备共享中心,将属于政府机构和国立科学院的 4800 余台专业和特殊科研设备、仪器提供给全国的科研机构、大学和企业等单位使用(吴淼等,2015)。

第四节　重大项目建设贯彻高科技协同创新的建议与启示

一、科学规划国家重大项目的发展定位

(一)在战略规划方面要以国家重大需求为导向进行清晰的定位

需求导向的原则不仅关系到协同创新各平台的方向选择,而且关系到协同创

---

① Chien Y T. A Survey of Interagency Coordination in U. S. Federal R&D Initiatives [R]. Japan: The Mitsubishi Research Institute, 2003.

新平台的组建思路、技术路线、运行流程等。以国家需求为导向的高科技协同创新是一种逆向型、否定式的思维方式，其决策流程如图3-1所示。市场上的云计算厂商能提供的部分中低端和小规模高速计算服务应充分发挥市场的资源配置功能。国家重大基础设施如国家超算中心应定位于公益类高端超算，支持国家大规模科学计算的基础研究。在宏观规划层面，鼓励国家大科学、大工程中的协同创新。

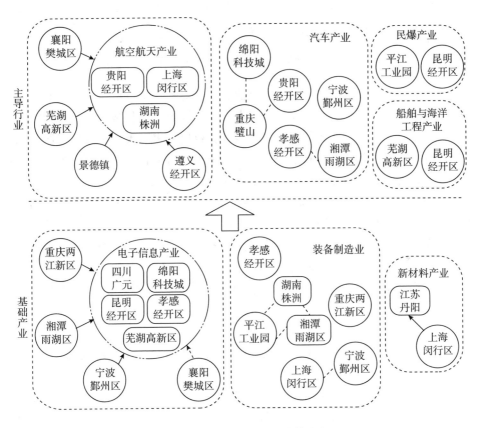

图 3-1　高科技协同创新决策流程

（二）加强国家重大项目、重大基础设施与国家发展战略、规划的对接

国家超算中心应与重大区域发展战略对接，如京津冀协同发展、长江经济带发展、长三角一体化发展、粤港澳大湾区建设。在国务院印发的《关于依托黄金水道　推动长江经济带发展的指导意见》中，明确要求"推动沿江产业由要素驱动向创新驱动转变，大力发展战略性新兴产业，加快改造提升传统产业，增强长

江经济带产业竞争力。在统筹考虑现状和优化整合科技资源的前提下，布局一批国家工程中心（实验室）和企业技术中心"。国家超算长沙中心可抓住长江经济带发展的重要战略机遇，充分发挥其在长江中上游地区国家超级计算方面的优势，打造长江经济带中上游重要的国家工程中心和高性能计算区域合作平台，积极对接长江经济带建设。国家超算无锡中心可积极对接长三角一体化发展战略，重点服务长三角超算需求。国家超算广州中心和深圳中心应主动面向粤港澳大湾区，加强与粤港澳大湾区发展规划的对接等。此外，国家在布局重大项目和重大基础设施时应适当考虑东中西协调平衡发展。

（三）国家重大基础设施要深入挖掘科研、产业和社会需求

国家超算中心要立足区域科研、产业和社会需求，挖掘科研、产业和社会需求的应用领域、范围和程度。在科研需求方面，国家超算长沙中心、郑州中心要注重挖掘中西部高校、科研院所的高性能计算科研需求；天津中心重点服务京津冀和环渤海地区；深圳中心立足深圳、面向全国，服务我国的华南、港澳台地区及东南亚地区；济南中心立足山东、辐射周边，积极服务于山东省"两区一圈一带"发展战略需求；无锡中心要重点服务长三角地区。在产业需求方面，国家超算中心还应服务于节能机械制造、基因工程、生物制药、新材料、新能源、云计算等战略性新兴产业，改造升级石油勘探、核电站、汽车、船舶等传统产业。在社会需求方面，除了传统的公益需求，国家超算中心应挖掘政府在政务领域、重点行业、民生服务领域的电子政务、政务云需求，以及医疗卫生领域的基因工程、医疗大数据和教育大数据社会需求。

二、分类探索高科技协同创新推进重大项目的运营模式

以国家超算中心为代表的国家重大科技基础设施应探索通过分类服务发挥对区域经济增长和科技创新的作用，不断挖掘和培养中心用户，根据不同的用户类型探索不同的运营模式。依据应用性质，国家超算中心运营模式可分为开放型市场应用、扶植型公益应用和专属型政府应用①。

第一，面向经营活动的开放型市场应用，可以鼓励企业先免费试用，以先服务后付费、分期付费、成果转化股权等形式保障超算中心的日常运营经费。开放型市场应用主要支持商业用户、产业类用户进行面向经营活动的大工程的科学计

---

① 郑宁，王冰，党岗. 广州超级计算中心应能发展分析［J］. 计算机工程与科学，2013（11）：187-190.

算，满足产业升级转型、创新等需要。

第二，扶植型公益应用在支持政府应用和公益应用的同时，使超算中心具备基本运营能力，逐步向市场驱动下的自负盈亏转变。扶植型公益应用主要面向大学和科研院所用户、产业培育用户、创新创业用户等。科技部可对设立超算应用的公益项目进行资金补助。国家超算中心可考虑与科技部达成相关协议，优先支持科技部的国家科技重大专项、国家重点基础研究发展计划、国家高技术研究发展计划、国家科技支撑等。此外，对国家自然科学基金委在基础研究领域相关研究的超算提供免费服务。作为补偿，国家自然科学基金相关研究成果可优先在超算中心所在地试点或落地。

第三，对专属型政府应用，可通过以优惠价格使政府购买的方式来运作。专属型政府应用主要面向政府用户。超算中心通过独立划分结点、存储、网络、机房等资源，为专属型政府应用提供优质、可靠、安全的环境和技术保障。应用领域包括智慧城市、电子政务、互联网和物联网应用等。

三、逐步完善高科技协同创新推进重大项目的运行机制

（一）完善跨地区、跨部门工作推进机制

探索建立"1+4"（中央科技委员会、财政部、国家发展改革委、科技部、国家数据局）重大项目顶层工作机制，实现跨部门沟通协调机制常态化，整合科研力量协同推进重大专项。形成界限清晰的各部门职责划分，减少跨部门的矛盾冲突，提升重大项目管理效率；邀请独立第三方监督评估机构评估各重大项目，动态反馈、调整、优化高科技协同创新效果。

（二）构建高科技协同技术攻关机制

加强关键技术的集智攻关，聚焦战略性、基础性、带动性的重大共性关键技术，建立联合研发、优势互补、成果共享、风险共担的产学研用合作机制。加强共性基础技术的协同创新，聚焦高科技基础薄弱、受制于人的共性基础技术，集中全国优势科研力量，提升国防科技原始创新能力。进一步发挥重大科研项目和工程的协同引领作用，不断提升国家科技创新综合能力。高科技协同创新的灵魂就是要将科研成果产业化，最终形成战斗力和生产力。科研院所的科研成果产业化后，装备或产品使用过程中的信息反馈能更好地促进协同创新。因此，对于科研院所协同创新成果产业化行为不应"一刀切"，可以在高科技协同创新实践中探索具体的实现途径。

（三）完善风险分摊和利益分配机制

合理确定各创新要素在风险分摊和利益分配中的权重。重大项目高科技协同创新过程中要以章程、合同等契约形式事先明确各创新主体的责任与义务，对各方的风险责任进行分阶段、分层次分解，并进行量化考评。按照"谁没有完成任务、影响协同创新进展谁负责，谁负责谁决策"的原则妥善解决利益纠纷。明确各方协商利益分配的标准，对高科技协同创新中利益分配各要素权重进行定量评估。根据高科技协同创新中成果转让的不同形式，如"一次性卖断""门槛价加提成""技术折资入股"等，参照国内外相关单位的经验做法，确定技术、资本、土地在利益分配中所占比重，约定对运行过程中出现的利益分配问题的解决办法。例如，明确协同创新成果转化中引进资金的奖励比例、对于中介组织可以提成的比例等。

（四）完善知识产权保护机制

应加强对高科技协同创新的知识产权保护，不断完善知识产权特别是国防知识产权的管理。可根据《中华人民共和国促进科技成果转化法》《高等学校知识产权保护管理规定》，以及地方院校和科研院所对科技成果转化的相关规定，制定可量化、可操作的政策。对高科技协同创新过程中的科技成果进行收益评估，明确核心技术和成果的归属权，明晰知识产权申报、成果与产品发布及推广宣传中各协同创新方的权益。高效运用已有技术成果知识产权，通过知识产权评估、出资与质押、知识产权证券化等方法发挥其最大效益。政府应加强协同创新活动中的知识产权公共管理，可导入 ARP 系统规范知识产权管理，建立规范统一的信息化平台以提升知识产权管理水平。综合运用政府投入、税收激励、金融支持等多种措施激励协同创新成果转化应用，提高各级科技管理部门知识产权管理水平。

（五）贯彻国家重大科技基础设施开放共享机制

根据《国家重大科研基础设施和大型科研仪器开放共享管理办法》，符合条件开放的科研设施与仪器应纳入国家网络管理平台统一管理。管理单位可按照成本补偿和非盈利原则收取费用，开放服务收费标准应适当向社会公布。管理单位提供开放共享服务时，应当与用户订立合同，约定服务内容、知识产权归属、保密要求、损害赔偿、违约责任、争议处理等事项①。

---

① 科技部，国家发展改革委，财政部．国家重大科研基础设施和大型科研仪器开放共享管理办法 ［EB/OL］．（2017-09-22）．www.most.gov.cn/mostinfo/xinxifenlei/fgzc/gfxwj/gfxwj2017/201709/t20170922_135054.htm.

四、构建"人力—财力—物力"的协同保障体系

高科技协同创新在本质上要构建"科技—产业—金融—政府"四位一体的协同创新网络，围绕产业链部署创新链，围绕产业链完善金融链，消除协同创新中的"创新孤岛"。

（一）人才支撑

在人才支撑上，依托国家超算中心成立新工科人才培养实习基地，为国家培养计算机类新工科人才，培训基于超级计算的新医科、新农科和新文科人才。国家可制定相应奖励政策并设立相关科技专项，推动相关企事业单位积极使用高性能计算机，国家人才工程计划统筹考虑超算中心高端领军人才的引进和培养问题，深入开展高性能计算技术科技普及工作，进一步提高超算使用意识和普及程度。

（二）财力支持

财力支持上，财政部统筹落实国家重大科技项目和科技基础设施的建设经费、事业和科技配套经费，加大对商业软件研发投入；以服务采购、运行补贴、创新券发放等多种形式加大对超算中心和重点用户的双向支持。国家政策性银行如国家开发银行为重大科技项目和基础设施的产业化、升级和运行提供中长期政策性金融支持。金融机构可利用结合企业生命周期的金融服务、依托产业集群的金融服务、商业银行的集合保理融资服务、商业银行的夹层融资服务和成立创投基金等为高科技协同创新提供金融保障。

（三）条件保障

在条件保障上，鉴于国家科技基础设施的公益性质，可将超算中心纳入供水、供电、供气优先保障单位，对超算中心实行更优惠的用电收费标准，由现在按工业用电标准改为教育学校用电收费标准，并出台相应的用户应用等优惠补贴政策，降低超算中心运行的电力成本。

本章小结

重大科技项目和重大科技基础设施对国家创新能力有重要引领、带动和辐射作用。本章以提升国内大口径先进光学元件超精密制造能力的某重大专项、超算长沙中心、凤凰中心为例，分析重大项目和基础设施贯彻高科技协同创新的做

法。同时，横向比较国外主要经验，主要包括政府以战略、规划、计划布局创新方向，国家战略科技力量牵头高科技协同创新等。最后，对我国重大项目和基础设施贯彻高科技协同创新提出相关建议，主要包括：科学规划国家重大项目的发展定位，分类探索高科技协同创新推进重大项目的运营模式，逐步完善高科技协同创新推进重大项目的运行机制，努力构建"人力—财力—物力"的协同保障体系。

第四章
高科技协同创新引领战略性新兴产业成长

经济新常态下，通过高科技协同创新和科技成果转化促进战略性新兴产业成长，有利于区域经济结构升级和发展方式转变，有利于发挥科技创新资源的独特优势，避免战略性新兴产业的同质现象，有利于通过创新驱动经济高质量发展。

第一节　高科技协同创新引领战略性新兴产业成长的问题提出

一、存在的主要问题

经济新常态下，我国正面临经济由高速增长转为中高速增长，经济结构转型升级，经济发展从依靠投资驱动、要素驱动向创新驱动转变。自主创新能力的提升并非企业、大学和科研机构各创新主体能力要素的简单叠加，迫切需要各类互补性要素之间的密切协同与整合优化。高科技创新资源在国家科技创新体系中处于领先地位，高科技领域的重大创新和突破往往将牵引带动战略性新兴产业发展，进而促进产业结构优化升级。

然而，目前我国在高科技协同创新实现科技成果转化和促进战略性新兴产业发展方面还处于低水平的自发状态，存在创新主体协同不够密切、风险分摊和利益分配不明确、金融和政府支持效度不高、高科技协同创新中政策不配套等问题。这些问题很大程度上制约着高科技协同创新绩效和战略性新兴产业的发展。

二、国内外研究现状

学术界对战略性新兴产业成长的研究主要沿两条路径展开。一是传统产业通过耦合、对接、匹配优化升级为战略性新兴产业。有学者研究传统企业与战略性新兴产业的互动关系、对接路径以及溢出效应①。二是通过技术创新主要是颠覆性创新形成战略性新兴产业。创新路径包括突破性技术创新②、产学研联盟③、区域技术创新④、自主创新⑤和协同创新⑥等。沿着协同创新与战略性新兴产业成长的研究思路，Klepper(2010)强调技术合作和创新在发展战略性新兴产业中的重要作用。万钢(2011)提出要以国家技术创新工程为载体，以深化构建战略性新兴产业技术创新链为目标，推动围绕战略性新兴产业培育和发展的产学研合作。杨以文等(2012)以长三角战略性新兴企业为例，提出了在监督不可行情况下，企业与大学组建研发团队的产学研合作模式，在监督可行情况下，企业与大学采取成立研发公司的产学研合作模式则有利于战略性新兴产业成长。易高峰和邹晓东(2012)基于协同创新理论，提出构建面向战略性新兴产业的高端产学研用合作平台。

在战略性新兴产业协同创新路径方面，汪秀婷(2012)提出了实现战略性新兴产业协同创新的三条路径：基于协同平台的主体间深度合作以实现能力对接；基于产业链推进价值创新链的协同以实现效率提升，基于技术和市场耦合过程的协同以实现绩效最优。钟荣丙(2013)提出了协同创新是长株潭城市群战略性新兴产业最适合的创新模式，通过点的萌发、线的提升、面的聚集，实现企业层面、学科层面、产业层面、区域层面的协同创新。吴绍波和顾新(2014)提出选择多主体共同治理模式，建立健全治理体系，完善创新生态系统，进而实现战略性新兴产业的协同创新。张敬文等(2018)提出，构建集群创新网络协同绩效提升战略性新兴产业创新能力。刘国巍和邵云飞(2020)从产业链协同创新视角分析了战略性新兴产业合作网络演化和协同度问题。

---

① 熊勇清. 传统企业与战略性新兴产业对接路径与模型 [J] . 科学学与科学管理研究，2014 (9)：107-115.

② 田莉. 战略性新兴产业突破性技术创新路径与实现机制研究 [D] . 哈尔滨：哈尔滨理工大学，2014.

③ 李娟娟. 战略性新兴产业成长中的产学研联盟创新研究 [D] . 杭州：浙江师范大学，2013.

④ 邸泽. 区域技术创新与战略性新兴产业成长耦合发展研究——以电子信息产业为例 [D] . 太原：太原科技大学，2013.

⑤ 郭娟. 基于自主创新的湖南战略性新兴产业成长机制研究 [D] . 湘潭：湘潭大学，2011.

⑥ 汪秀婷. 战略性新兴产业协同创新网络模型及能力动态演化研究 [J] . 中国科技论坛，2012 (11)：51-58.

综上所述，发展战略性新兴产业的关键是实现自主创新。自主创新能力的提升迫切需要各创新要素面向国家两用重大战略需求，以知识增殖和重大科技创新为核心，通过跨部门、跨领域、跨区域、跨行业的密切协同、互动整合和联合攻关，走高科技协同创新之路。

本书从科研创新组织形式的角度，提出高科技协同创新是创新各要素（包括企业、政府、研究机构、中介机构和用户）面向国家重大战略需求，以知识增殖和重大科技创新为核心，通过各创新主体跨部门、跨领域、跨区域、跨行业的密切协同、互动整合提升创新绩效的创新组织形式。高科技协同创新的形式随着实践的发展而不断丰富和完善。从创新到产业化的协同创新过程中，存在着从浅到深的知识创造与共享的"谱系"。根据对创新和产业化的侧重程度，可将高科技协同创新的形式分为三类。一是在科研阶段重点建设协同创新中心和新型研发机构。例如，列入国家"2011 计划"的量子信息与量子技术前沿协同创新中心和高性能计算协同创新中心，覆盖高校、科研院所和企业，是推进高科技协同创新的重要平台。二是研究与产业化并重的创新研究院。高校和地方政府共同成立的高科技协同创新研究院，已成为推动高端技术研发和科技成果转化的重要平台。三是偏重产业化的产业集群和高科技产业园区。如地方政府成立的高新技术产业园区，依托高校成立的大学科技园。

第二节　高科技协同创新引领战略性新兴产业成长的运行机理

在高科技协同创新与战略性新兴产业成长的机理关系中，提升高科技协同创新绩效是促进战略性新兴产业成长的内在动因；高科技协同创新成果的转化是促进战略性新兴产业成长的重要路径；技术创新、产业创新和战略性新兴产业成长将引领经济结构升级并驱动经济发展方式转变，如图 4-1 所示。

一、实施战略、制度、组织和知识协同提升高科技协同创新绩效

高科技协同创新的主体主要包括协同创新中心、高科技协同创新研究院、产业集群等，其协同创新绩效主要由自身的创新能力、协同配合度和外部环境的支持度三方面组成。其中，各创新主体自身创新能力是影响协同创新绩效的内因，

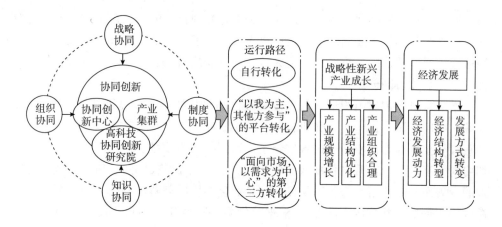

图 4-1   高科技协同创新与战略性新兴产业成长的运行机理

具体的影响因素包括协同创新机构、人员和成果数量。外部环境支持是影响协同创新绩效的外因,具体的影响因素包括外部市场、金融支持、中介支持、政府支持等。协同配合度将影响协同创新绩效的内外因结合起来,具体的影响因素包括协同创新的意愿、能力和内部运行机制。高科技协同创新通过战略协同、制度协同、组织协同和知识协同将各创新主体的自身创新能力、外部环境和协同配合度三方面因素结合起来,共同提升协同创新绩效和整体创新能力。

二、选择合适的科技成果产业化模式促进战略性新兴产业成长

科技创新通过重组、完善、拓展创新链实现科技成果与地方产业有效对接。高科技协同创新主体依据科技成果生命周期和交易成本最低原则,因地制宜地选择合适的产业化模式,主要有自行转化、"以我为主、其他方参与"的平台转化和"面向市场,以需求为中心"的第三方转化三种模式。高科技协同创新通过跨行业的技术扩散、技术周期和产业关联促进战略性新兴产业的产业规模增长和产业结构优化。

三、优化需求结构、产业结构和要素结构促进经济发展方式转变

经济结构变动是生产要素在不同生产部门间重新配置的表现,经济发展本质是技术、产业不断创新,结构不断变化的过程。经济新常态下,高科技协同创新以促进战略性新兴产业成长为纽带,通过改善需求结构、优化产业结构、调整要

素结构促进区域经济发展方式转变。首先，高科技协同创新通过科技产品、成果产业化和对外贸易发现新的消费需求、增加产品多样性、提高产品质量和降低价格，以新的技术供给创造消费需求；优化科技资源配置，开发及挖掘新市场拓展投资需求；提升产品性能，扩大对外贸易，改善出口需求，从而改善需求结构。其次，通过跨行业的技术扩散、技术周期和产业关联优化产业结构，发挥国家级和地方高科技产业园、示范基地、高科技协同创新中心在技术转让、产业化等方面的集聚和带动效应，通过产业集群、学科集群和城市群的密切协同、互动整合和联合攻关促进区域技术进步和产业结构优化。最后，通过高科技创新要素立体的、动态的、优势互补的最佳组合来促进科技创新要素新的发展、增加要素替代，加快要素流动，提高知识性要素（技术、管理、专利）比例，改变过去主要依靠资源、劳动力、资本等传统要素的局面，从而调整要素结构。

第三节　高科技协同创新引领战略性新兴产业成长的路径选择

高科技协同创新的科技成果要产业化，必须与区域产业特别是战略性新兴产业有效对接，这样才能转化为生产力，进而促进新常态下经济发展方式转变。协同创新主体依据科技成果的生命周期、交易成本等选择合适的转化路径和产业化路径。

一、自行转化

高科技协同创新成果转化按照实施方式可分为直接转化、合作转化及转让或许可等。上述方式较多是由科技成果所有人相对自发、独立、直接面向社会的转化，属于"第一代"成果转化模式。湖南风电能源产业链不完整，不能生产风电叶片，而某高校在先进复合材料及其制备技术方面积累深厚。2006年，该高校与某新材料科技股份有限公司联合研发大尺寸兆瓦级复合材料风电叶片。在这一模式下，2009年，该新材料科技股份有限公司形成批量生产能力，拥有株洲、天津两个叶片基地，具备年产1000套风电叶片的产业规模。产品应用于国内多个大型风场并远销智利、白俄罗斯等国。2011年，销售收入突破5亿元，创造显著的经济效益和社会价值。这项技术每年可为国家节省标准电煤70万吨，为战略性新兴产业的新能源产业发展做出突出贡献。

该模式的优点是高科技协同创新主体具有较大自主性，方式比较灵活，但其显著的缺点是在"单打独斗"的方式下，科研人员精力较大牵扯，科研人员的知识结构、思维方式与商业化运行规则存在一定差距，导致创新成果与市场需求脱节。高科技协同创新主体难以承担中试任务，企业不愿承担中试风险，导致创新产业链存在"中试空白"。随着产业发展，协同创新主体在利益分配中容易产生矛盾而导致分道扬镳。特别对于合作转化中的利润分成方式，企业与研发机构在运行成本、利润和市场等方面存在信息不对称，研发机构缺乏相应手段规避企业的事后"逆向选择"问题。

二、"以我为主，其他方参与"的平台转化

为了解决自行转化中存在的问题，科研机构和政府推进组织创新，建立诸如工程技术中心、技术转移平台、大学科技园等综合性的成果转化平台进行产业化。通过这类综合性科技转化平台进行转化和产业化的模式称为"第二代"科技成果转化模式。列入湖南"2011 协同创新中心"的先进卫星导航定位技术协同创新中心采取了该模式。协同创新中心由湖南某高校牵头，海格通信集团股份有限公司、湖南航天电子科技公司参与，承担我国北斗卫星导航定位系统总体设计、关键技术攻关和工程建设等多项重大任务。由该中心研发的高性能多频多模基带芯片广泛应用于军、民高端信息应用领域①。

"第二代"科技成果转化模式在促进高校、企业间协同创新，服务区域经济发展方面取得良好效果，但该模式存在利益分配不清、创新平台定位不准确、运行管理体制不顺和高校科技成果自身不适应产业化要求等问题。

三、"面向市场，以需求为中心"的第三方转化

相对于企业而言，高校和科研院所等协同创新主体对市场需求、产业化前景等信息缺乏了解，增大了高科技协同创新成果自行转化与平台转化的政策风险、技术风险和市场风险。

在借鉴技术转移中心、工程中心和大学科技园等经验基础上，应探索与政府、企业联合成立协同创新研究院的第三方转化将科技成果产业化引向深入。第三方转化一般由政府设立的独立技术转移服务机构承担。这种多采用"事业单位+市场化运作"的模式，通过契约与协同创新主体约定科技成果转化运营收益的

---

① 李治，葛林楠. 国防科大成功研制北斗高性能多频多模基带芯片［N］. 科技日报，2015-05-26.

分配比例。一方面，科研团队通过技术披露、专利申请实现技术产权化，科研院所将协同创新成果"委托"给第三方进行知识产权转移后，由第三方与企业发生经济、法律关系实现知识产权交易和资本化，并由第三方承担相应的经济法律责任；另一方面，第三方在成果转化项目选择上围绕地方产业发展规划和需求，采取内部孵化企业和与地方龙头企业合作两种模式，将成熟的科技成果精准定位，实现科技成果与地方产业有效对接，实现协同创新主体多赢共赢。

"天河"高性能计算机就是采取这种转化模式。某高校与湖南省政府联合成立的湖南产业技术协同创新研究院和国家超级计算长沙中心作为第三方，进行"天河"高性能计算机的推广应用。通过挖掘中西部特别是湖南地区高校、科研院所的高性能计算科研需求，湖南各州市特色产业如长沙的装备制造业、株洲的轨道交通业、郴州的有色金属产业的高性能计算需求，湖南省各级政府的电子政务、政务云需求，医疗卫生领域基因工程、医疗大数据、教育大数据的社会需求，促进战略性新兴产业螺旋式上升发展，推动湖南经济由要素驱动向创新驱动转变。

第四节　高科技协同创新引领战略性新兴产业成长的对策建议

一、构建"科技—产业—金融—政府"四位一体的高科技协同创新模式

高科技协同创新的科技成果产业化促进战略性新兴产业成长，在科技、金融和政府的支持下，通过良好的商业模式将技术产业化并获得市场成功是关键。面向地方和企业开展技术研发与中试，以项目创新平台和孵化创新型企业为载体，围绕产业链部署创新链，围绕创新链完善金融链，构建科技创新与金融创新双轮驱动，创新链、产业链、金融链三链闭环，"科技—产业—金融—政府"四位一体的高科技协同创新模式，如图4-2所示。

首先，创新链是基础。高科技协同创新从筛选项目做推广转为面向市场做研发，让科研团队与企业家沟通交流，通过参观交流、技术讲座、企业应用反馈等方式在立项源头和研发过程中进行信息交互，解决科技成果产业实用性偏低、应用开发脱离市场需求的"硬伤"。其次，产业链是核心。要围绕地方政府产业发展规划、产业特色和产业转型升级的现实需求，以第三方的项目创新平台和企业

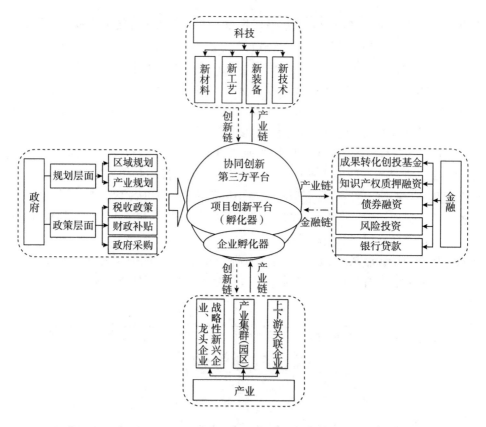

图4-2 "科技—产业—金融—政府"四位一体的高科技协同创新模式

孵化器,实现创新成果同战略性新兴产业对接、创新项目同现实生产力对接。最后,金融链是保障。发挥金融的融资和杠杆效应,通过直接融资和间接融资为高科技协同创新提供资金支持,以金融创新和更好的金融服务产品为战略性新兴产业成长提供保障。

二、创新高科技协同创新中的利益分配和激励机制

一是要参照《关于深化体制机制改革加快实施创新驱动发展战略的若干意见》、《中华人民共和国促进科技成果转化法修正案》、地方政府和部分高校的做法,设计适合高科技协同创新成果转化的利益分配和激励机制。例如,北京市出台的"京校十条"和武汉的"黄金十条"提出,高校科技成果转化所获收益可按不少于70%的比例对科技成果完成人和为成果转化做出重要贡献的人员进行奖励。

加大对高科技协同创新中科技成果研发人员、成果推广转化人员的奖励，至少不应低于国家的奖励标准。二是根据成果转化生命周期不同阶段完善利益分配和激励机制。基础研究和技术开发阶段，研发相对重要，利益分配要向研发人员倾斜；产业化和规模生产阶段，市场相对重要，可对市场推广人员采取对赌协议、股权期权激励等。

三、加大高科技协同创新中的知识产权保护运用

高科技协同创新通过知识产权布局获得领先优势是发展战略性新兴产业的关键。通过技术专利化、专利标准化、标准垄断化赢得市场先机是国际通行做法。首先，要着眼战略性新兴产业的行业趋势，进行高科技协同创新的专利布局。在重大核心技术上要抢先注册专利，围绕核心专利形成专利池。其次，高效运用已有技术成果知识产权，通过知识产权评估、知识产权拍卖、出资与质押、知识产权证券化等方法发挥其最大效益。再次，对于高科技协同创新中涉及的国防专利，在不涉及国家安全和机密的前提下，要及时解密或脱密处理，探讨国防专利的转让、许可和补偿定价问题，以唤醒"沉睡"的国防专利。最后，可在知识产权法院成立专门的国防知识产权特别法庭，以解决高科技协同创新中，国防知识产权的保护、纠纷处理和法律援助问题。

四、完善相关协同配套机制促进战略性新兴产业成长

（一）要完善政府在区域和产业规划中的政策协同

发挥高科技协同创新平台作为区域经济发展的"创新增长极"作用。给予相关主体税收优惠、财政补贴和政府采购支持，以高科技协同创新促进战略性新兴产业成长。围绕地方政府战略性新兴产业发展规划、产业特色和产业转型升级的现实需求，以高科技协同创新的项目平台和企业孵化器实现创新成果同战略性新兴产业对接、创新项目同现实生产力对接。在高科技协同创新研究院运行中，要进一步协同军队和地方考核运行机制、组织文化、规章制度。

（二）要加强金融协同

在新一代信息技术行业，高科技协同创新的科技成果的优势时间一般在一年左右甚至更短。要通过金融创新，将技术与金融资本相结合，采取各种直接融资和间接融资方式，提高信贷支持创新的便利性和灵活性，利用军队科技成果转化

的成果创投基金、风险投资、股票融资、债券融资、知识产权抵押贷款等手段为战略性新兴产业成长提供金融保障。

（三）要加强信息协同

"互联网+"时代，要充分发挥信息平台和中介作用，运用互联网思维，通过在线技术交易模式精准对接市场需求与高科技协同创新成果研发，形成"互联网+高科技协同创新成果产业化"服务模式。充分运用第三方使用程序 App 精准投放高科技协同创新技术、战略性新兴产业的需求和供给信息，建立以目标用户为主导的双向甚至多项互动，跟踪技术供需双方转化进度和问题，深入挖掘用户需求，实现科技成果与战略性新兴产业的顺利对接与转化。

 本章小结

本章从产业视角分析了高科技协同创新与战略性新兴产业成长的问题。高科技协同创新与战略性新兴产业成长的机理是实施战略、制度、组织和知识协同提升高科技协同创新绩效，选择合适的科技成果产业化模式促进战略性新兴产业成长，优化需求结构、产业结构和要素结构促进经济发展方式转变。路径选择包括自行转化、"以我为主，其他方参与"的平台转化和"面向市场，以需求为中心"的第三方转化。最后从四个方面提出相关对策建议，主要包括构建"科技—产业—金融—政府"四位一体的高科技协同创新模式，创新高科技协同创新中的利益分配和激励机制，加大高科技协同创新中的知识产权保护运用和完善相关协同配套机制促进战略性新兴产业成长。

第**五**章

高科技协同创新推动区域协调发展

"不能简单要求各地区在经济发展上达到同一水平,而是根据各地区条件,走合理分工、优化发展的路子,形成几个能带动全国高质量发展的新动力源。"①高科技协同创新资源通过空间关联、产业链、创新链和价值链作用推动区域协调发展。各协同创新资源在地理空间集聚形成的产业集群、协同创新平台和各类创新创业组织是推动区域协调发展的重要抓手。

第一节 新时代区域协调发展战略中的科技协同问题

区域协调发展战略是新时代国家七个重大战略之一,是贯彻新发展理念、建设现代化经济体系的重要组成部分。中共中央、国务院发布的《关于建立更加有效的区域协调发展新机制的意见》指出,我国区域战略以西部、东北、中部、东部四大板块为基础,以"一带一路"建设、京津冀协同发展、长江经济带发展、粤港澳大湾区建设等重大战略为引领,形成优势互补高质量发展区域经济布局。下面重点分析京津冀协同发展、长江经济带发展、粤港澳大湾区建设、长三角一体化发展战略中的科技协同问题。

一、京津冀协同发展中的科技协同

京津冀协同发展战略核心是有序疏解北京非首都功能。通过调整区域经济结构和空间结构,推动河北雄安新区和北京城市副中心建设,探索超大城市、特大

---

① 习近平. 推动形成优势互补高质量发展的区域经济布局[J]. 求是,2019(24):1-5.

城市等人口经济密集地区有序疏解功能和有效治理"大城市病"的优化开发模式。在京津冀协同发展战略中，北京定位是政治中心、文化中心、国际交往中心和科技中心。天津的定位有所改变，从中国北方的经济中心、国际航运中心和国际物流中心、现代制造业基地变为"一个基地三个区"，即全国先进制造研发基地、国际航运核心区、金融创新示范区、改革开放先行区。河北的定位也是"一个基地三个区"，即全国现代商贸物流基地、产业转型升级试验区、新型城镇化和城乡统筹示范区、京津冀生态环境支撑区。此外，还将山东德州纳入京津冀协同发展规划，提出德州建设京津冀产业承接、科技成果转化、优质农产品供应、劳动力输送基地和京津冀南部重要生态功能区。

在京津冀协同发展规划中，北京是科技创新中心，天津、河北的定位则是科技成果转化基地、产业转型升级试验区等。规划要求通过协同发展推动要素市场一体化，打造若干先行先试平台。中关村多家企业、高校积极与河北、天津开展合作。截止到 2015 年 4 月，用友软件等 476 家企业在河北设立分支机构 1029 家，神州数码等 393 家企业在天津设立分支机构 503 家。北京的高校也与天津、河北加强合作。其中，截至 2015 年 4 月，北京大学与天津各企事业单位、高校、科研机构合作项目 170 余个，与河北合作项目 160 余个。[1]

二、长江经济带发展中的科技协同

长江经济带具有横跨东部、中部和西部三大板块的区位优势。长江经济带发展战略以共抓大保护、不搞大开发为原则，以生态优先、绿色发展为引领，依托长江黄金水道，推动长江上中下游地区协调发展和沿江地区高质量发展。长江经济带是我国创新驱动的重要策源地，对外开放程度高，创新资源丰富。这里集中了全国三分之一的高等院校和科研机构，拥有全国一半左右的两院院士和科技人员，各类国家级创新平台超过 500 家，涌现了高性能计算机、量子保密通信等一批具有国际影响力的重大创新成果，形成了一批创新资源领域示范作用显著的城市群。

在长江经济带科技协同创新方面，国家发展改革委、科技部以及工信部发布的《长江经济带创新驱动产业转型升级方案》中提出：完善区域创新体系，加强上中下游合作，统筹协调区域技术创新主体，建立共同参与、利益共享、风险共担的产学研用协调创新机制；推动产业技术创新平台建设，促进国家重大科技基

---

① 冀丰渊．京津冀协同发展规划纲要［C］//对接京津：解题京津冀一体化与推动区域经济协同发展(对接京津与环首都沿渤海第 13 次论坛［二］)论文集．廊坊：廊坊市应用经济学会，2016．

础设施和大型科研仪器向社会开放，实现跨机构、跨地区开放运行和共享；加快科技创新成果转移转化，支持骨干企业联合高校、科研机构、行业协会组建产业技术创新战略联盟。

三、粤港澳大湾区建设中的科技协同

粤港澳大湾区是我国开放程度最高、经济活力最强的区域之一。《粤港澳大湾区发展规划纲要》提出，要深化粤港澳创新合作，构建开放型融合发展的区域协同创新共同体。在创新基础设施能力建设方面，支持重大科技基础设施、重要科研机构和重大创新平台在大湾区布局建设；向港澳有序开放国家在广东建设布局的重大科研基础设施和大型科研仪器；支持粤港澳有关机构积极参与国家科技计划（专项、基金等）。在产学研深度融合上，支持粤港澳企业、高校、科研院所共建高水平的协同创新平台，推动科技成果转化；实施粤港澳科技创新合作发展计划和粤港联合创新资助计划，支持设立粤港澳产学研创新联盟。明确提出，要打造高水平科技创新载体和平台，推动珠三角九市融合创新发展，支持创建协同创新示范区。辜胜阻等（2018）建议粤港澳大湾区要突破区域内部阻碍创新要素合理流动、创新资源合理配置、创新功能互补协作的瓶颈，激发各类创新主体的潜力。巴曙松等（2019）从促进科研知识交流层、技术开发层、各层级之间的创新要素流动三个层面提出粤港澳大湾区科创协同创新构想。

四、长三角一体化发展中的科技协同

长三角一体化发展战略提出，要走"科创+产业"道路，促进创新链与产业链深度融合，以科创中心建设为引领，构建区域创新共同体，打造产业升级和实体经济发展高地。在联合提升原始创新能力的基础上，联手营造有利于提升自主创新能力的创新生态，集中突破一批"卡脖子"核心关键技术，打造全国原始创新策源地；优先布局国家重大战略项目、国家科技重大专项，共同实施国际大科学计划和国际大科学工程。加快科技资源共享服务平台优化升级，推动重大科研基础设施、大型科研仪器、科技文献、科学数据等科技资源合理流动与开放共享。在协同推进科技成果转移转化方面，构建开放、协同、高效的共性技术研发平台，发挥长三角技术交易市场联盟作用，共建全球创新成果集散中心；依托现有国家科技成果转移转化示范区，共建科技成果转移转化高地；打造长三角技术转移服务平台，实现成果转化项目资金共同投入、技术共同转化、利益共同分享。

共建多层次产业创新大平台，打造长三角科技创新共同体。①

从这些区域战略规划中可以看出，区域协同创新受到高度重视。有的规划中还提出构建区域创新共同体。然而，我们也应看到，虽然上述区域的创新资源都较为丰富，高科技协同创新的前景广阔，但是对于协同创新的协同机制、利益分配和风险分摊等问题还缺乏具体政策。

第二节　高科技协同创新推动区域协调发展的总体框架

高科技协同创新以各类高科技产业园区、产业技术联盟、创新平台、交易平台为抓手，以空间关联、产业链协同为主要路径，通过战略协同、组织协同、协同机制、制度协同、知识协同等协同机制推动区域协同发展，形成区域创新共同体。

一、主要抓手

高科技协同创新推动区域协调发展的主要抓手包括高科技协同创新各类平台，各类产业园区、集群和联盟，社会创新创业组织。

（一）高科技协同创新各类平台

1. 联合提升原始高科技协同创新能力的合作研发平台和国家重大基础设施

它们主要包括"2011协同创新中心"、国家重点实验室、国防重点实验室、综合性国家科学中心、国家超级计算中心、国家蛋白质科学中心等。我国通过重大科技基础设施集群化发展，共同实施国际大科学计划和国际大科学工程；通过优化升级科技资源共享服务平台，推动重大科研基础设施、大型科研仪器、科技文献、科学数据等科技资源合理流动与开放共享；统筹尖端科技创新资源，集中突破一批"卡脖子"核心关键技术，联手营造有利于提升自主创新能力的创新生态，打造原始创新策源地。

---

① 中共中央　国务院印发的《长江三角洲区域一体化发展规划纲要》[EB/OL].（2019-12-01）. http：//www.gov.cn/zhengce/2019-12/01/content_5457442.htm? tdsourcetag=s_pcqq_aiomsg.

2. 各类促进高科技协同创新成果转化交易平台

它们主要包括技术转移中介服务机构，如上海技术交易所、中国技术交易所、安徽联合技术产权交易所、北方国家版权交易中心、北部湾产权交易所、成都知识产权交易中心、广州知识产权交易中心、贵州阳光产权交易所、海南国际知识产权交易所、湖南省知识产权交易中心、江苏国际知识产权运营交易中心、山东齐鲁知识产权交易中心、上海知识产权交易中心、山西省技术产权交易中心、陕西融盛知识产权平台、武汉知识产权交易所等。此外，交易平台要延伸拓展服务链条。以成果遴选、评估、评价、再研发、交易担保等服务为手段，推进科技成果、科技资源进行交易和转移转化，开展知识产权运营特色业务，探索专利流通转化。高科技协同创新研究院筛选出产业化前景较好的项目，以具体的项目创新平台为载体，利用创新研究院的场地和政府前期投入资金进行应用性开发和中试，促进项目孵化和产业化。

3. 支持高科技协同创新的各类中介平台

它们主要包括科技中介、金融中介、法律中介、会计中介等。以金融中介为例，科技支行专注于服务高科技企业，通过对高科技企业实施差异化的指标管理、开通信贷审批"绿色通道"、开发金融特色产品、开创科技链条服务模式，以金融支持高科技企业发展。例如，中国农业银行无锡科技支行是中国农业银行首家主要面向高新园区和科技企业的区域支行。通过总行单列信贷计划、差异化授权管理、建立独特的营销运营及风险补偿机制，适当放宽对科技型中小企业金融服务中不良贷款的容忍度，开辟科技中小企业信贷"绿色通道"，着力解决科技型中小企业融资难的问题。研发推出知识产权质押贷款、股权质押贷款、高新技术产品订单贷款、研发贷、股东担保贷、担保通、信用保险贸易融资等金融产品，加大对拥有关键技术、自主知识产权、自主品牌的重点企业等给予信贷支持。在开创科技链条服务模式方面，科技支行探索研发供应链融资产品，通过"互联网+"方式解决上下游企业异地提款问题。

（二）高科技协同创新各类园区、集群和联盟

1. 国家、部委以及省市级各层面和重点领域探索形成的各类高科技产业园区、国家新型工业化产业示范基地

截至 2022 年 2 月，工信部批准成立了 10 批新型工业化产业示范基地，基地类型主要包括装备制造业、原材料工业、消费品工业、电子信息产业、软件和信息服务业、军民结合等类型，涉及工业设计、研发服务、工业物流等服务型制造领域，高效节能、先进环保、资源循环利用、安全产业、应急产业等节能环保与安全领域，工业互联网、数据中心等围绕"互联网+"涌现的新产业、新业态等。

2. 各类产业技术联盟、战略联盟和产学研联盟等

产业联盟作为联结"政产学研用"的天然桥梁，成为实施高科技协同创新和产业集群发展的有效载体。各类高科技产业联盟在配置创新资源，吸纳转化科技成果，搭建公共服务平台，解决企业共性问题等方面发挥着重要作用。随着创新驱动发展战略的深入推进，各层级、各地区、各行业的产业联盟如雨后春笋般涌现，如表5-1所示。

表5-1 各类高科技协同创新联盟情况

时间	名称	联盟成员
2005年1月	东北技术转移联盟	黑龙江、吉林、辽宁三省科技厅和大连、沈阳、长春、哈尔滨四市科技局共同发起创立东北技术转移联盟
2009年3月	广西北部湾经济区生产力促进联盟	广西壮族自治区生产力促进中心联合市县生产力促进中心和其他中介机构及产学研组织共同组成了广西北部湾经济区生产力促进联盟，联盟以促进中小企业科技创新为目的
2012年7月	北京协同创新服务联盟	在北京市委、市政府的领导和北京市科委的支持下，由北京技术交易促进中心牵头，联合技术转移服务机构和其他科技资源机构组成
2012年12月	吉林省技术转移战略联盟	吉林省科技厅牵头，吉林省内5家国家技术转移示范机构、10家省技术转移示范机构和省内有关高等院校、科研院所、科技中介机构等共同组成
2014年10月	长三角科技中介战略联盟	苏浙皖沪三省一市科技部门联合成立
2015年12月	京津冀技术转移协同创新联盟	科技部火炬中心、北京市科委、天津市科委、河北省科技厅倡议，北京大学科技开发部、北方技术交易市场、河北省科技成果转化服务中心等26家单位发起
2015年4月	深港微电子协同创新联盟	深圳和香港两地企业、高校和科研机构共同发起成立
2016年9月	武汉市技术转移机构联盟	武汉城市圈高校、科研院所、企事业单位等96家会员单位
2018年3月	中国兵器协同创新联盟(B8协同创新联盟)	由中国兵器科学研究院和北京理工大学、南京理工大学、中北大学、长春理工大学、沈阳理工大学、西安工业大学、重庆理工大学共同组成
2019年11月	粤港澳大湾区科技协同创新联盟	广东省科学技术协会、广州市科学技术协会、深圳市科学技术协会携手香港京港学术交流中心、澳门科学技术协进会共同发起，已有137个单位成为协同创新联盟的首批会员单位，涵盖了大湾区九城市科协、高校、科研院所、知名企业、重要研发平台及科技社团

续表

时间	名称	联盟成员
2020 年 11 月	全国知识产权交易场所联盟	成员单位包括上海技术交易所、中国技术交易所、安徽联合技术产权交易所、北方国家版权交易中心、北部湾产权交易所、成都知识产权交易中心、广州知识产权交易中心、贵州阳光产权交易所、海南国际知识产权交易所、湖南省知识产权交易中心、江苏国际知识产权运营交易中心、山东齐鲁知识产权交易中心、上海知识产权交易中心、山西省技术产权交易中心、陕西融盛知识产权平台、武汉知识产权交易所 16 家单位

资料来源：笔者整理。

3. 依托高校成立的大学科技园

在科技部和教育部联合推动下，重点高校和地方政府纷纷联合成立大学科技园。大学科技园成为我国高等院校科技成果转化和高科技协同创新的重要基地。自 1999 年科技部和教育部发布《关于做好国家大学科技园建设试点工作的通知》以来，截至 2021 年，科技部和教育部先后批准了 11 批共 117 个国家大学科技园，如表 5-2 所示。

表 5-2 首批国家大学科技园名单

序列	名称	依托大学
1	清华大学国家大学科技园	清华大学
2	北京大学国家大学科技园	北京大学
3	天津大学国家大学科技园	天津大学
4	东北大学国家大学科技园	东北大学
5	哈尔滨工业大学国家大学科技园	哈尔滨工业大学
6	上海交通大学国家大学科技园	上海交通大学
7	复旦大学国家大学科技园	复旦大学
8	南京大学——鼓楼高校国家大学科技园	南京大学、河海大学、中国药科大学等
9	东南大学国家大学科技园	东南大学
10	合肥国家大学科技园	中国科技大学、合肥工业大学、安徽大学等
11	东湖高新区国家大学科技园	武汉大学、华中农业大学、武汉理工大学、中国地质大学等
12	山东大学国家大学科技园	山东大学
13	岳麓山国家大学科技园	中南大学、湖南大学、国防科技大学等
14	华南理工大学国家大学科技园	华南理工大学

续表

序列	名称	依托大学
15	四川大学国家大学科技园	四川大学
16	电子科技大学国家大学科技园	电子科技大学
17	重庆大学国家大学科技园	重庆大学
18	云南省国家大学科技园	云南大学、昆明理工大学、云南农业大学
19	西北工业大学国家大学科技园	西北工业大学
20	西北农林科技大学国家大学科技园	西北农林科技大学

资料来源:《国家大学科技园专刊》、《中国科技产业》2001 年专刊。

(三) 社会创新创业组织

紧密结合"互联网+"和大众创业、万众创新,构建开放式创新创业生态系统,促进协调创新成果与市场需求及资本的有效对接,发展"创业咖啡""创新工场""星创天地"等新型孵化模式。通过市场化、专业化、集成化、网络化的众创空间,为小微创新服务高科技协同创新提供契机。国外通过举办各类挑战赛、演示日、行业日、虚拟提案日、"战略技术"广泛机构公告日等活动展示创新需求,吸引社会创新力量,比较成功的案例有美国 DAPRA 举办的"无人车辆"和"机器人"挑战赛,NASA 举办的"太空机器人挑战赛"备战火星之旅等。

二、协同机制

协同机制是指各高科技协同创新主体通过相互关联、相互作用的运行制度和工作方式推动区域协调发展。它分为基础类、核心类和保障类三个层次,其中,基础类是指高科技协同创新推动区域协调发展所必须具备的运行机制,核心类是所需的关键与核心的运行机制,保障类是支撑区域协调发展的各类运行机制。

(一) 基础类运行机制

协调沟通机制。跨区域、跨部门高科技协同创新中由于主体之间在成本、利益分配和风险分担不合理、企业文化差异、信息沟通不畅等导致失衡与冲突。协调沟通机制是解决联盟出现的矛盾和冲突的重要途径。协调沟通机制可以通过战略协调、利益协调、业务协调三个不同层面实现多方位协调沟通。战略层面的协调沟通机制包括目标协调机制、文化冲突处理协调等。建立一套科学有效的高科技协同创新动态协调管理目标体系，按照区域创新主体的意愿和能力进行目标分解，形成各创新主体的具体目标，并配合利益奖惩措施。利益协调层面包括协调完善修改区域发展规划，调整利益分配方案等方式。业务协调层面建立区域和流域高层协调机制，包括高层互访制度、高层正式和非正式磋商制度、高等对话交流制度等；建立高科技协同创新信息交流机制，包括信息情报、资料、人员等交流减少合作中的冲突，实现各创新主体的良性互动。在高科技协同创新整个创新生态系统中，协同创新主体通过与内部和外部的协同创新涌现新知识，以技术扩散和转移等方式形成核心创新力和竞争力。在内部，通过核心企业、新型研发机构、高校、中介、金融机构和政府的发展规划、主要方向选择等的战略协同，在知识产权、成果转化、评估体系等动力和控制系统方面的知识协同，在产业体系和结构体系、创新生态网络等组织协同和在金融支持、法规政策、中介智库保障等方面的制度协同构成内部协同创新。在外部，通过统筹产业领域、科技领域、教育资源、基础设施领域、社会服务领域、应急和公共安全领域六大重点领域和海洋、太空、网络空间、生物、新能源、人工智能六大新兴领域实现联盟与区域优势产业集群和跨区域产业园区、国家自主创新示范区等的外部协同创新。

（二）核心类运行机制

利益分配机制是跨区域、跨部门之间高科技协同创新顺利持续运行的关键。利益分配机制解决高科技协同创新各主体在不同风险偏好和约束条下如何选择适合的收益分配和知识产权分配方式。它主要包括跨区域产业转移、重大基础设施建设、园区合作的成本分担和利益共享机制，调动政府和市场主体积极性的重大经济指标协调划分的政府内部考核机制，促进公平竞争的区域互利共赢的税收利益分享机制和征管协调机制，有利于生产要素自由流动和高效配置的良好环境区域投资、税收等利益争端处理机制等。

不同区域、流域创新资源分布存在差异，应因地制宜地选择合适的区域布局协同机制。例如，粤港澳大湾区选择"极点带动、轴带支撑、辐射周边"模式；长三角地区则选择"引领—支撑"的区域一体化模式，这种模式在充分发挥上海龙头带动作用的同时，使苏浙皖地区各扬所长，进而实现区域一体化。省域内部也可以因地制宜地选择合适的空间布局，发挥省域内创新资源的协同优势。例如，湖南省拥有"一带一部"和长江经济带中游腹地的区位特色，结合"一核三极四带多点"的空间布局，即以长株潭为核心，以岳阳、益阳、衡阳为第一梯队，以娄底、怀化、永州、常德为第二梯队，以邵阳、郴州、张家界、湘西自治州为第三梯队，形成集聚、开放、错位发展的产业雁阵空间布局，放大湖南"一带一部"融合效应、协同效应。

（三）保障类运行机制

以分享经济为背景的资源共享机制是指，高科技协同创新逐步在政策信息、仪器设备、研发数据、共同知识、人才资源、金融服务等领域实现交流和共享。资源共享能使区域内闲置资源平台化，通过协同形成集聚，扩大分工与合作，从而使区域创新资源得到更有效配置。仪器设备共享、信息共享是初级层面的资源共享。研发数据等共同知识、人才资源、品牌市场等共享是高层次共享，这建立在高科技协同创新主体高度信任和利益分配合理的基础上。我国可探索先通过仪器设备、试验设施及研发平台等初级层面的资源共享来提升区域内研发机构的协同创新意愿，在此基础上进一步实现研发数据、人才资源、品牌和市场等高层次的资源共享。

绩效评价机制是在特定的高科技协同创新与区域协调发展考核指标原则指导下，构建科学完善的绩效评价指标体系，选取适当的绩效评价方法，对高科技协同创新与区域协调发展效果进行评价。绩效评价体系涉及三个方面，即指标的选取、权重和测度方法。绩效评价指标的选取要综合考虑高科技协同创新服务军方需求、区域经济效益、创新成本和投入、区域内部集成效应和沟通协作水平、风险管理和社会效益等；指标权重的确定方法一般有层次分析法、德尔菲法、熵值法等；可选择的测度方法主要有模糊综合评价法、层次分析法、数据包络分析法、BP 神经网络法、理想解逼近法等。该机制具体做法包括：建立重大经济指标协调划分的政府内部考核机制，调动政府和创新主体积极性；率先推动实施区域高质量发展的指标体系、政策体系、标准体系、统计体系、绩效评价及政绩考核体系；探索将协同创新驱动产业转型升级纳入政府绩效考核，建立常态化第三方机构评估、企业调查和社会公开评价制度，动态调整优化各项政策措施。

三、内在机理

高科技协同创新推动区域协调发展的内在机理是运行机制发挥效用的内在规律和原理，是对其运行机制如何发挥效用的规律性把握和逻辑性升华。

（一）通过空间关联、空间集聚形成空间溢出效应

空间计量经济学认为，一个地区空间单元上的某种经济地理现象或属性值与邻近地理空间单元上的同一现象或属性相关，这种空间相互作用以及空间溢出效应形成一定的空间结构（Anselin，1988）。协同创新绩效除与协同创新主体投入、协同创新环境、协同度有关联外，还与邻近地区的创新有密切关系。地理空间上的临近性、知识流动便捷性促进集群组织学习。区域创新分工与合作直接影响区

域经济增长的空间异质性。高科技协同创新资源通过地理空间集聚，调整国防科技资源、企业迁移等调存量和新布局国家创新重大科学基础装置、国家协同创新中心、国家重点实验室实现空间布局协同，利用空间关联、空间集聚形成空间溢出效应推动区域经济发展。此外，学科群、产业群、城市群的簇群发展、密切协同、互动整合形成新的区域增长极，拉动区域经济发展。通过流域上下游创新资源合作形成空间溢出效应。长江经济带有丰富的创新资源，通过流域内跨行业、跨部门协同创新提升流域创新能力，推进流域产业有序转移和优化升级，推动上下游地区协调发展。概括起来，它的机理是"协同创新—空间关联、集群协同—区域协调发展"。

（二）通过创新链、产业链、价值链协同形成网络溢出效应

高科技协同创新核心研发机构或企业通过增强上下游配套产业的关联协同，形成一条或者几条组织化程度较高的创新链和产业链，并最终形成创新链及产品链完善、零部件体系配套和产业结构优化的协同网络。高科技协同创新通过产业关联和将相关业务、服务外包给联盟内其他企业形成开放式产业链，从而削减纵向一体化大型企业的组织协调和代理成本。通过价值链前向、后向关联和创新主体间的交流、沟通和协作促成新观念、新技术和新知识的创新扩散，产生知识溢出效应。网络和价值链共享在横向上能够突破条块分割障碍，降低交易成本，而在纵向上能够打通价值链通道，产生协同效应和外部规模经济效应。高科技协同创新主体抓住各自在价值创造过程中具有核心特长的特定环节，共同完成整个价值创造过程。通过生产要素、技术和创新等信息的交流协作与共享，产生网络溢出效应，形成整体竞争优势。具体表现为，使市场在资源配置中起决定性作用和更好地发挥政府作用，构建"科技—产业—金融—政府"四位一体的高科技协同创新网络。通过高科技协同创新管理体制、运行机制和法律法规等改革激发协同创新活力和潜能，实现市场价值链协同。概括起来，它的机理是"协同创新—创新链、产业链、价值链协同—区域协调发展"。

第三节　典型案例分析——以长江经济带为例

长江经济带横贯我国东、中、西、三大区域，覆盖 11 个省（自治区、直辖市），地域面积约 205 万平方公里，人口和经济总量占全国 40% 以上，经济增长率持续高于全国平均水平。它的经济带动作用强、辐射范围广，是全球重要的内

河经济带，在我国发展全局中具有举足轻重的战略地位。长江经济带将我国区域发展总体布局中"东部率先发展"、"中部地区崛起"和"西部大开发"三大战略规划有机连接，统筹东中西部区域经济协调发展。长江经济带有很好的科技和产业发展基础，有利于通过高科技协同创新提升整体创新绩效，推动经济高质量发展。以高科技协同创新推动长江经济带发展，迫切需要区域性平台和核心载体的有力支撑，需要具备一定基础的园区和区域发挥示范引领作用。

一、长江经济带高科技协同创新体系

长江经济带高科技协同创新体系包括宏观战略统筹、重大项目牵引、科技成果双向转化、创新资源空间关联集聚、资源共享共用、创新生态支持保障六个方面，其呈现"火箭"结构。其中，宏观战略统筹是"火箭头"，重大项目牵引是"火箭"的动力系统，科技成果双向转化、创新资源空间关联集聚促进各科技创新体系融合协调发展是"火箭"的结构主体，资源共享共用、创新生态支持保障是"火箭"的支持保障系统，如图5-1所示。

宏观战略统筹从顶层设计上对长江经济带高科技协同创新进行规划，具体包括颁布《长江经济带发展规划纲要》《长江经济带创新驱动产业转型升级方案发展》等规划和指导意见，还涉及长江经济带各省市发展规划的协调与对接。基础研究和前沿技术、国家重大科技项目构成高科技协同创新的牵引驱动力。

在"火箭"的结构主体部分，科技成果双向转化和创新资源空间关联集聚促进各科技创新体系的密切协同、整合优化和有机融合。其中，科技成果双向转化体系涵盖国家技术成果公共服务平台、国家技术交易中心、高校和科研院所的成果转化机构。实施知识产权战略包括成立国家知识产权运营公共服务平台和区域特色知识产权服务平台。长江经济带各类产业集群和产业技术联盟将促进高科技协同创新资源的空间关联集聚。

在"火箭"的支持保障系统部分，资源共享共用包括科研平台共建共用和基础资源互通共享，共建共用科研平台包括国家重点实验室与国防科技重点实验室、试验设施、大型科学装置、科学仪器中心等。互通共享基础资源包括通用技术标准规范、通用计量基础设施和标准、科技信息资源和情报共享等。创新生态支持保障包括科技金融、创新人才培养与使用、中介组织参与协同等。

二、高科技协同创新平台与长江经济带发展

高科技协同创新平台是推动区域协调发展的重要抓手。长江经济带推动高科

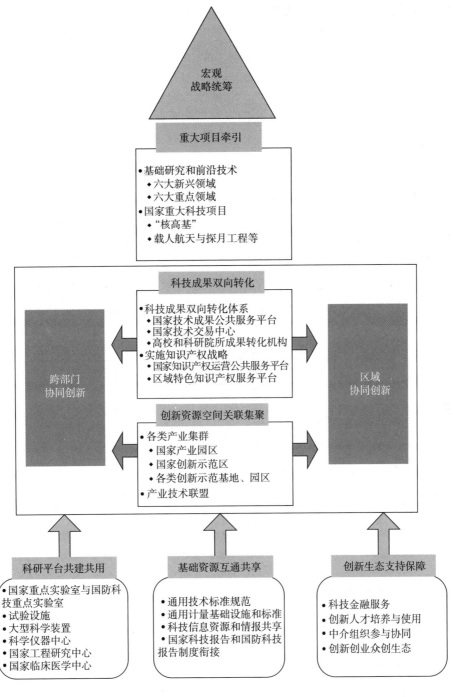

图 5-1　高科技协同创新体系的"火箭"结构

技协同创新的国家重大基础设施主要有国家超算无锡中心、国家超算长沙中心、国家蛋白质科学中心（上海）、"2011协同创新中心"的中国南海研究协同创新中心、量子信息与量子科学前沿协同创新中心、高性能计算协同创新中心、上海张江、安徽合肥综合性国家科学中心等。同时，长江经济带在高端装备制造、新一代信息技术、新材料等战略性新兴产业领域布局了一批国家工程（技术）研究中心、实验室。截至2016年，254个国家重点实验室中有103个位于长江经济带。此外，长江经济带还有一批面向国家重大项目的高科技协同创新平台，如北斗开放实验室、北斗安全研究院等。

长江经济带聚集了各类促进高科技协同创新成果转化的交易平台。在高端装备、新材料、新能源、电子信息等产业集聚区域布局建设了一批技术转移中心和科技成果转移孵化基地。例如，长江经济带技术交易网络平台、技术转移中心和知识产权交易中心以及长江经济带工业技术研究院等一批面向企业的公共技术服务平台。

长江经济带各类支持高科技协同创新的中介平台较为丰富，部分高校纷纷成立长江经济带研究智库和科技中介等协同创新平台（见表5-3）。

表5-3 长江经济带科技服务机构

序号	名称	类型	地点
1	中国长江经济带发展研究院	智库	北京
2	长江产业经济研究院（南京大学）	智库	江苏南京
3	长江上游经济研究中心（重庆大学）	智库	重庆
4	江苏长江经济带研究院（南通大学）	智库	江苏南通
5	江苏省苏科创新战略研究院	智库	江苏南京
6	武汉大学长江经济带发展研究中心	智库	湖北武汉
7	长江大学长江经济带发展研究院	智库	湖北荆州
8	湖北经济学院长江经济带发展战略研究院	智库	湖北武汉
9	国科长江经济带科技创新服务中心	科技中介	江西九江
10	湖南麒麟信息工程技术有限公司	科技中介	湖南长沙
11	西南科技大学国家大学科技园	科技中介	四川绵阳
12	四川中物技术股份有限公司	科技中介	四川绵阳
13	江苏软件园科技发展有限公司	科技中介	江苏南京

资料来源：笔者整理。

长江经济带充分发挥先行先试作用，鼓励金融机构开发特色产品，开创科技链条服务模式，以金融创新支持长江经济带高质量发展。湖北省成立了专门的长江经济带产业引导基金，引导基金通过与社会资本合作发起若干支产业投资基金（以下简称"母基金"），母基金通过设立子基金或重大项目直接投资支持高科技协同发展。

三、产业集群与长江经济带发展

　　高科技协同创新主体在特定地理空间——长江经济带集聚形成各类产业园区、示范基地，是促进长江经济带协同发展的重要抓手。《长江经济带创新驱动产业转型升级方案》中提出五大重点任务，其中之一就是通过推动产业协同发展和培育世界级产业集群优化产业布局，发展五大重点领域和十大新兴领域，"布局一批战略性新兴产业集聚区、国家高新技术产业化基地、国家新型工业化产业示范基地和创新型产业集群，打造世界级产业集群"[①]。产业集群推动长江经济带发展的模式主要有以下三种。

　　第一，资源共享型协同模式。该模式通过加大对流域内基地的支持力度促进共性技术研发，并逐步在技术、市场、人才以及金融服务方面实现知识交流和共享，打破区域壁垒，最终走向协作共赢的发展方式。该模式出现在产业价值链的全链条。上游主要表现为原料共享，中游主要表现为技术、人才和设备等共享，下游主要表现为品牌和市场共享。武汉东湖新技术开发区经过多年发展，使光通信产业集群成为中部地区最大的集成电路产业聚集区、全国领先的光电子信息产业基地，且已融入全球光电产业链和创新链，在全球光电产业中具有较强的竞争力，其打造的"中国光谷"已成为国内外知名品牌。武汉东湖新技术开发区通过与周边区域建立协同发展机制，形成覆盖湖北全省的"光谷产业园"品牌。孝感经济开发区就是东湖新技术开发区参与共建的 8 个市内产业园之一。东湖新技术开发区探索品牌共享、园区共建、技术输出、产业协作、管理模式输出等途径，取得了较好的辐射带动效应。例如，武汉东湖新技术开发区推荐华工科技将温度传感器生产基地搬到孝感经济开发区，使其产能迅速提升，由日产 30 万支提升到 100 余万支，成为全球温度传感器产销冠军。

　　第二，功能互补型发展模式。该模式是以流域内基地间产品结构的异构互补和产业梯度势差为推动力实现产品横向分工互补，从而提升了流域高科技产业园

　　① 国家发展改革委，科技部，工信部．长江经济带创新驱动产业转型升级方案［EB/OL］．（2016-03-14）．www.most.gov.cn/tztg/201603/t20160314_124683.htm.

区整体竞争力的发展方式。该模式主要出现在产业基地发展不均衡、基地所在区域城市之间存在着功能互补现象的地区。航空航天产业在航空大部件、新材料、发动机、机载系统、零部件制造等方面具有共性，相关高科技产业园区具有配套的前提。长江经济带以航空航天产业为主导产业的高科技产业园区主要有上海闵行区、江西景德镇、湖南株洲和贵阳经济技术开发区。这四大园区航空航天产业发展各具特色，在发展定位、产业配套等方面具有互补性。上海闵行区由航天科技研究中心、航空科技产业中心和航空科普基地三大功能区组成，围绕大飞机的研发、研制和实验，集聚了以航天八院、中船重工711所、上海航天技术研究院、上海交大空天研究院等为研发中心，以拓璞数控、新闵锻造等一批龙头企业为配套的航空产业集群。江西景德镇专注于直升机研发制造，初步形成了以中航工业直升机设计研究所为研发核心，以中航工业昌飞公司和景德镇航空锻铸有限公司等为生产配套的产业链。湖南株洲则聚焦中小型通用航空领域，以通用中小航空发动机为依托，以通用航空发动机、整机制造、通航运营、航空配套及衍生产业为核心，努力建设通航基地，打造全国中小型航空集群。湖南株洲形成了以中航湖南通用航空发动机有限公司为研发核心，以中航动力航空零部件有限公司、山河智能、加普惠亚太地区发动机维修公司及中航工业与法国透博梅卡公司合作的发动机维修公司为配套的产业集群。贵阳经济技术开发区的航空航天产业则聚焦中低端教练机和中小型航空发动机的研发与制造，形成了以贵航股份、航天控制、航空电机、枫阳液压、红林机械、风华精密等为核心的产业集群。

第三，产业链拓展发展模式。该模式是一种依靠流域内部主导产业的带动作用，增强上下游配套产业的关联协作，形成一条或者几条组织化程度较高的产业链，并最终形成产品链完善、零部件体系配套、产业结构优化的空间布局的发展方式。该模式主要运用于存在着具有超强带动力的主导产业的区域。孝感经济开发区实行一区多园模式，以武汉经济开发区孝感汽车配套产业园为平台，打造汽车及零部件产业集群，是湖北汽车产业走廊的重要一环。园区内汇集了三江雷诺、三江瓦力特、万山特种车3家具有整车生产能力的企业和30多家零部件企业，形成了以平板运输车、重型商用车、矿山自卸车为龙头，以汽车发动机曲轴、灯饰、底盘为延伸的汽车产业集群。从长江经济带汽车产业链来看，孝感经济开发区主要为武汉的汽车整车制造商提供配套服务，同时又衍生出以伟翔数控、九州数控等为代表的40多家民营中小企业。通过流域内上下游汽车产业配套关联协作，拓展产业链条，形成产品链完整、配套齐全、产业空间布局优化的汽车产业链，为长江经济带打造世界级汽车产业集群提供了支撑。

综上所述，长江经济带产业基地协同发展模式可总结为图5-2。

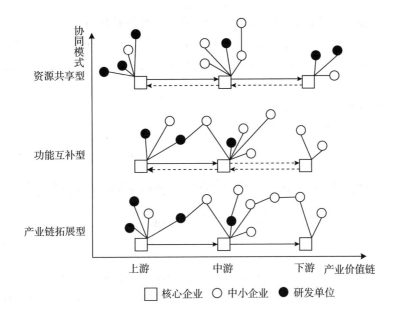

图 5-2　长江经济带产业基地协同发展模式

四、创新创业组织与长江经济带发展

长江经济带具有大众创业、万众创新良好氛围和开放式创新创业生态系统。

第一，通过举办中国创新创业大赛专题赛等各类挑战赛、国防科技博览会等活动展示需求，吸引社会创新资源积极参与赛事。例如，科技部火炬中心牵头举办的 2019 年中国创新创业大赛技术融合专业赛在四川绵阳举办。大赛贯彻协同发展理念，搭建展示、对接、转化、交易平台，推动创新资源、创新技术、创新成果的转移转化，营造良好的创新创业生态环境，获得军工企事业单位、相关科研院所、高校及创新团队的热切关注及踊跃参与，范围涉及装备制造、航空航天、核技术应用、特种机械与车辆、光机电一体化、电子信息、人工智能、新材料、新能源 9 个行业领域。

第二，通过发展"创业咖啡""创新工场""星创天地"等新型孵化模式，通过市场化、专业化、集成化、网络化的众创空间，为小微创新服务提供契机。武汉光谷成立的众创空间"恒盛 & 天使翼众创空间"精准服务高科技创新创业项目，为相关企业提供创业辅导、创业沙龙、项目对接、投融资服务等创新创业服务。南京的华讯方舟创客中心是国家级众创空间，孵化方向主要是移动互联网、人工智能、新能源、大数据、智慧城市、物联网等新兴科技领域。

第三，成立科技创新快速响应小组。借鉴美国国防创新实验小组的做法，我国成立了科技创新快速响应小组，其职责是主动发现、辨识和培育具有潜在应用价值的科技和产品。通过概念和技术展示等多种形式，构建创新企业、团队和基金共同的交流平台，探索建立从先进商用技术及产品到生产力的直通车；提出前沿科技创新需求，征集快速的商业解决方案。

第四节 高科技协同创新推动区域协调发展的对策建议

从区域协调规划、重大项目牵引、科技成果双向转化、资源共享共用、集群协同创新、创新生态支持保障六个方面提出高科技协同创新推动区域协调发展的对策建议。

一、区域协调规划

在区域层面，对高科技协同创新体系建设的重大问题加强协调规划和设计，探索建立区域高科技协同创新相关制度；完善联席会议、情况通报、任务对接、协调会商等制度规定；建立规划计划联合论证实施机制；实现重大科技项目的共同论证实施，推动构建区域协同创新共同体。

区域发展规划应加快落实国家相关发展战略，加强与国家相关规划对接。例如，区域发展规划与"十四五"科技发展规划对接等。加强各省市发展规划与区域发展战略规划的对接、协调，并形成刚性约束。将高科技协同创新纳入当地国民经济和社会发展规划，并做好与其他专题规划的衔接。加强中央与地方财政支持的科技计划统筹衔接，优化科技战略资源的配置方向和重点，调整区域科技发展布局，形成特色鲜明、储备丰厚、链条完整的区域协同创新体系。

二、重大项目牵引

区域发展规划要注重与"核高基"、宽带移动通信、重大新药创制、重大传染病防治、超级计算机、集成电路装备、高分辨率对地观测系统、载人航天与探月工程等重大专项的对接。创新资源丰沛的地区要主导和参与相关重大科技项目，打造区域高科技协同创新高地。根据国家重点研发计划全链条设计、一体化组织实施的原则要求，区域发展规划应围绕深海、深地、深空、深蓝等领域的战略高技术布局，加强对科技重点专项的需求牵引和统筹协调与指导，积极推进协同攻关，加速科技成果形成新的生产力和战斗力。部署实施一批具有典型特征的重点项目。按照联合论证、联合支持、联合组织、协同创新的思路，实施科技重点专项。

三、科技成果双向转化

利用国家技术成果公共服务平台，发布科技成果信息，加强科技成果交流和技术信息互通，提供科技成果评价、信息检索、政策咨询等服务。发挥国家两用技术交易中心的积极作用，形成合理的交易中心区域布局，支持技术交易、科技金融、创新服务等成果转化。支持区域内科研院所、高等院校、产业技术联盟等建立科技成果转化机构，鼓励区域先行先试科技成果转化办法。

把知识产权作为科研、生产、采购和服务的保障要素，完善成本核算办法，引导知识产权运用，鼓励知识产权转化。建设区域性特色知识产权服务平台，形成科技创新资源共享的知识产权运营服务能力。例如，在长江经济带中游和下游创新资源集聚地区，可考虑设立知识产权交易西部、中部和东部中心，加强各大技术交易中心的协同。明确科研院所和高校开展科技成果转化的法律主体地位，允许科研院所按照技术合作、专利转让、技术入股等进行科技成果转化。完善企业的科技成果奖励机制和补偿机制，完善科技人员薪酬机制和成果奖励机制，尊重和体现发明创造者对科技成果的知识产权，提高成果转化收益比例。

四、资源共享共用

统筹共用重大科研基地和基础设施区域布局，建立区域验室、试验设施、大型科学装置和科学仪器中心等各类科技基础设施共享共用机制，推动重大科学仪器设备自主研发和科研平台开放共享。鼓励区域高校、科研机构、企业联合建设国家实验室，积极推进共建国家重点实验室、国家工程研究中心、国家临床医学研究中心等。区域可试点国家重点实验室和国家重大科技基础设施的资源共享办法。对具有共性基础的设施平台实施共享共用，制定统一的收费标准、监管措施、评价标准和法律法规，以引导和规范开放共享。鼓励区域科技创新主体加强科技信息资源和科技情报共享。

五、集群协同创新

依托区域内国家级及省级自主创新示范区、高新技术产业开发区、高科技创新示范区，以大型企业为骨干，发挥中心城市的产业优势和辐射带动作用，在有需求、合作基础好、产业发达、创新资源密集、特色鲜明的区域及重点领域，布局一批战略性、综合性的产业集群。根据发展战略确定的重要任务，紧紧围绕高质量发展这个重点工作，探索发展区域交通基础设施建设产业联盟、海洋装备产业联盟、用标准产业联盟、无人化装备和机器人产业联盟、集成电路产业联盟、高端材料产业联盟、大数据应用产业联盟、人才教育联盟等产业联盟。注重建设产业联盟的协同协作、快速响应与可持续运行能力。

六、创新生态支持保障

第一，加强区域科技创新人才联合培养，推动区域人才交流，加速人才双向有序流动。鼓励各类优秀人才参与科技创新，建立人才、技术、成果转化对接机制，完善符合科技成果转化工作特点的职称评定、岗位管理和考核评价制度。高度开放的区域如粤港澳大湾区可探索引进国内外高层次人才，集聚从事前沿科学技术研究的高端人才，培育科技创新发展的专家团队。

第二，探索区域科技金融服务模式。鼓励地区探索开展科技和金融结合机制，促进各类金融机构推出面向科技协同创新的金融服务与产品，开展科技金融服务模式创新试点，在国家科技成果转化引导基金中设立科技成果转化子基金，如长江经济带产业引导基金。引导金融机构、社会资本参与高科技协同创新，建立从实验研究、中试到生产的全过程、多元化和差异性的科技融资模式。

第三，区域可探索建设众创空间、科技企业孵化器开展高科技协同创新，发展科技创新快速响应小组对区域创新资源的挖掘、发现功能。鼓励开放经济区域与国际知名科研机构合作，在海外设立研发机构，与相关领域具有创新优势的国家共建一批联合研究中心、技术转移中心、技术示范推广基地和科技园区等国际合作平台。

 本章小结

高科技协同创新从项目协同走向一体化制度创新的区域协调发展，是培养区域发展新动力源的内在要求，也是提升区域国防动员潜力的有效途径，更是形成优势互补的高质量发展区域经济布局的现实需要。本章分析了我国京津冀协同发展、长江经济带发展、粤港澳大湾区建设和长三角一体化发展战略中的科技协同问题，提出了高科技协同创新推动区域协调发展的总体框架。高科技协同创新推动区域协调发展的主要抓手包括高科技协同创新各类平台、高科技协同创新各类园区、集群和联盟、社会创新创业组织等；协同机制分为基础类、核心类和保障类三个层次，其中，基础类是指构建高科技协同创新推动区域协调发展所必须具备的运行机制，核心类是所需的关键与核心的运行机制，保障类是支撑区域协调发展的各类运行机制；内在机理包括通过空间关联、空间集聚形成空间溢出效应和通过创新链、产业链、价值链协同形成网络溢出效应两种。本章还以长江经济带为例，提出了长江经济带高科技协同创新体系的"火箭"结构，包括宏观战略统筹、重大项目牵引、科技成果双向转化、创新资源空间集聚关联、资源共享共用、创新生态支持保障六个方面。最后，从六个方面提出高科技协同创新推动区域协调发展的对策建议。

第六章
高科技协同创新赋能园区高质量发展

高科技协同创新主体通过地理空间集聚、空间关联形成各类高科技协同创新产业园区。目前，我国已从国家、部委以及省市级各层面、重点领域探索形成了各类高科技产业园区，主要包括国家级高新技术产业开发、国家级经济技术开发区、国家新型工业化产业示范基地等。高科技产业园区如何通过体制机制创新实现自身高质量发展？园区高质量发展的主要模式有哪些？如何深耕科技创新协同发展"试验田"，避免沦为地方政府跑马圈地的"自留地"，探索形成高科技协同创新和制度创新"高地"并形成可复制可推广经验？这些已成为高科技产业园区发展迫切需要解决的关键问题。

第一节　高科技协同创新赋能园区
高质量发展的基本框架

新时代我国经济由高速增长阶段转向高质量发展阶段。高科技产业园区的高质量发展就是通过发挥园区集聚优势和区域经济增长极作用，使园区发展新动能不断内生涌现，园区由要素驱动、投资驱动转向创新驱动和内涵式发展。以高科技协同创新驱动园区高质量发展，有利于促进科技成果的转化应用并孵化和催生新产业，形成创新驱动的生动局面；有利于打破园区发展的行政区划界限和市场壁垒制约，避免产业发展同质化和恶性竞争，形成布局合理、差异发展、功能协调的发展格局。

一、研究述评

经济全球化和"互联网+"时代的开源创造与分布架构等特点促使科技创新由封闭与离散走向开放与协同，协同创新成为提高自主创新能力的全新创新组织模式。在协同创新绩效研究方面，贺灵等（2012）运用协同度模型测量了省级区域创新网络要素间的协同能力及创新绩效。白俊红和蒋伏心（2015）分析了协同创新与空间关联对区域创新绩效的影响。赵增耀等（2015）研究了区域协同创新效率的多维溢出效应。周开国等（2017）认为，融资约束、创新能力会限制企业协同创新。权益归属和利益分配是协同创新持续发展的关键，在这方面，李霞等（2008）提出用 Shapley 值法评估协同创新中各主体的风险分摊和利益分配问题。以非调控下的收益为威慑点，学者构建了产学研协同创新激励模型（刘勇，2016）和多阶段动态利益分配模型（李林，2016）等定量评估协同创新中的利益分配问题。

在集群和产业园区协同创新方面，张哲（2008）构建了产业集群内企业创新的协同模型，并运用数据包络分析和 BP 神经网络模型评价集群协同创新绩效。解学梅和曾赛星（2009）从协同理论视角梳理了创新集群跨区域协同在影响因素、网络机制、网络构建等方面的研究进展。万幼清和张妮（2014）对产业集群协同创新能力评价的指标体系与模型进行了综述。

在高科技协同创新方面，1945 年，布什等在提交给罗斯福总统的报告《科学——无止境的前沿》中阐述了如何将军事研究的结果转为民用，如何组织和帮助公立和私人机构的研究活动等问题①，其思想涉及高科技协同创新。美国国防科技创新的两个代表性机构——NASA 和 DARPR 在项目管理中从需求提出、转化为科技项目、推动各环节科技成果转化等方面贯彻高科技协同创新的理念。我国在大工程项目中重视开放协同创新，如在"两弹一星"工程中，周恩来指示科研人员要走群众道路，做到"两个三结合"，即科研单位、生产单位、使用单位相结合，以及科技人员、工人、领导干部相结合。实现科研、生产、使用单位"三结合"的做法之一是"厂所结合"（刘艳琼，2002）。在高科技协同创新概念上，有学者提出军地协同创新、军民协同创新、高科技协同创新。更进一步地，陈春阳（2014）等研究了高科技协同创新能力和绩效评价体系。乔玉婷等（2016）探讨了高科技协同创新与战略性新兴产业成长的机理和路径。陈丽娜和张勇（2017）分析了成德绵一体化发展中的高科技协

---

① V. 布什. 科学：无止境的前沿 [M]. 范岱年，谢道华，等译. 北京：商务印书馆，2004.

同创新问题。

综上所述，学界对协同创新内涵、模式、路径、绩效以及内部权益归属和利益分配有较充分的研究，其中协同创新内部权益归属和利益分配是难点和重点所在。但军队科技创新主体在创新模式和路径、管理协同方式、权益归属等方面具有特殊性，如何针对这些个性特点研究高科技协同创新相关问题还有待深入。本章研究提出高科技协同创新驱动园区高质量发展的一般机理，即由新知识涌现到形成新产业集聚发展，最终汇聚经济发展新动能，探讨其组织框架，并从创新全链条角度提出高科技协同创新驱动园区高质量发展的四种模式。

二、一般机理

高科技协同创新驱动园区高质量发展的一般机理（如图6-1所示）可概括

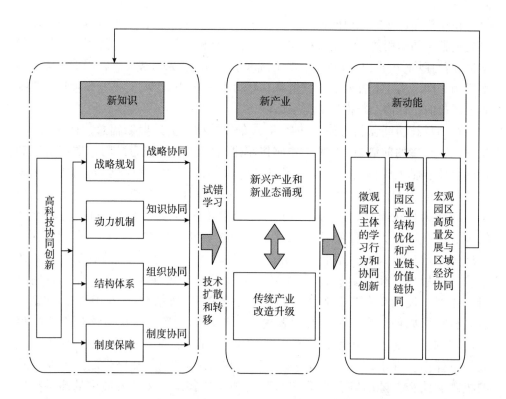

图6-1 高科技协同创新驱动园区高质量发展的一般机理

为新知识涌现，形成新产业集聚发展，最终汇聚成经济发展新动能，具体是指：在整个创新生态系统中，高科技产业园区主体通过园区内部和外部的协同创新促使新知识涌现；以试错学习、技术扩散和转移等方式形成新产业和新业态，并改造升级传统产业，促进园区产业集聚式良性发展；在形成新产业的基础上，通过微观园区主体、中观产业链和宏观区域经济等协同发展形成新动能。

其中，高科技产业园区主体通过总规划、总路线图、主导产业选择等方面的战略协同，知识产权、成果转化、评估体系等动力和控制系统方面的知识协同，产业体系和结构体系、创新生态网络等的组织协同和金融支持、法规政策、中介智库保障等方面的制度协同形成新知识涌现。新知识通过转移扩散形成新产业，具体包括促进战略性新兴产业协调发展和改造升级传统产业，进而促进产业组织合理、产业结构优化和产业规模增长。这需要做好六大体系的协同，统筹产业领域、科技领域、教育资源、基础领域、社会服务、应急和公共安全领域，促进高质量发展。新动能包括三个层次：微观园区经济主体的学习行为和协同创新，中观园区产业结构优化和产业链、价值链协同，宏观园区高质量发展与区域经济协同。三者交互影响，使各类高质量发展模式最终在宏观层面涌现，成为国家经济发展新动能。

三、组织框架

高科技协同创新驱动园区高质量发展包括内部协同创新和外部协同创新。在园区内部，以园区核心企业为中心，通过核心企业、新型研发机构、高校、中介（智库、行业协会）、金融机构和政府的战略协同、知识协同、组织协同和制度协同构成园区内部协同创新。在园区外部，实现园区与跨区域高科技产业园、国家自主创新示范区、国家新型工业化基地其他类型和区域优势产业或集群的外部协同创新。高科技产业园区内部协同创新和外部协同创新构成高科技协同创新生态网络。其中，产业领域的统筹是核心，科技领域和教育资源的统筹是引擎，基础领域和社会服务的统筹是保障，应急和公共安全领域的统筹是催化器。海洋、太空、网络空间、生物、新能源、人工智能等新兴领域是经济新动能涌现的重点领域。高科技协同创新通过推动产业园区由传统领域向新兴领域拓展，形成多维一体、协同推进、跨越发展的协同发展格局，如图6-2所示。

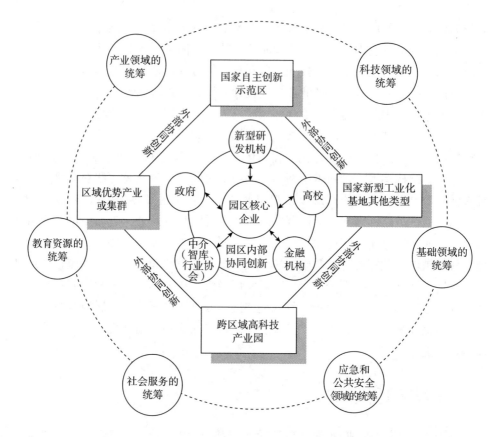

图 6-2　高科技协同创新驱动园区高质量发展的组织框架

第二节　高科技协同创新赋能园区
高质量发展的主要模式

本节从创新全链条即创新资源配置、研发、成果转移转化到最终产业化角度，将高科技协同创新赋能园区高质量发展的模式归纳为四种。

一、以分享经济为背景的资源共享模式

在"互联网+"时代，分享经济通过超越时空、所有权、隶属关系限制，将社

会海量、分散、闲置资源平台化、协同化地集聚、重复使用与供需匹配,扩大分工与合作,从而使资源得到更准确和有效配置并提高分工网络生产力。① 它的核心理念是"使用而不占有"和"不使用即浪费"。分享经济背景促使科技创新由封闭与离散走向开放与协同。

以分享经济为背景的资源共享协同模式通过加强对高科技产业园区创新的支持力度促进共性技术研发,并逐步在知识、信息、人才、重点实验设施、大型科研仪器设备以及金融服务等领域实现交流和共享,打破区域行政壁垒,最终走向协作共赢的发展方式。该模式出现在产业价值链的全链条,上游主要表现为原料、信息共享,中游主要表现为技术、人才和仪器设备等共享,下游主要表现为品牌和市场共享。

国家倡导建立共享服务平台,通过整合某些区域内大型科研设施与高校、科研院所仪器设备,逐步实现开放共享。2017 年,绵阳科技城与四川省科技厅合作成立四川大型科学仪器共享平台,将省内科学仪器面向全社会开放共享。重点实验设施、大型仪器设备共享,能够提升区域内企业、科研院所和高校的协同创新意愿,从而促进园区高质量发展。品牌和市场共享是更高层次的资源共享。武汉东湖新技术开发区经过多年发展,其打造的"中国光谷"已成为国内外知名品牌。园区探索品牌共享、园区共建、技术输出、产业协作、管理模式输出等途径,形成覆盖湖北全省的"光谷产业园"品牌,带动包括孝感产业园在内的 8 个产业园区发展。

二、以新型研发机构为核心的第三方模式

新型研发机构是指投资主体多元化、建设模式多样化、运行机制市场化、管理制度现代化,在科学研发与成果转化、创新创业与孵化育成、人才培养与引进等方面形成鲜明特色、政产学研密切协同、独立核算、自主经营、自负盈亏、可持续发展的独立法人组织或机构。与传统研发机构相比,新型科研机构具有治理模式去行政化、体制机制灵活创新、功能定位体现政府导向和政产学研高度协同等特点②。广东、江苏等省已探索成立新型研发机构开展协同创新。院校和科研院所将科技成果的所有权与经营权进行分离,将知识产权的经营权委托给第三方

---

① 向国成,钟世虎,谌亭颖,等.分享经济的微观机理研究:新兴古典与新古典[J].管理世界,2017(8):170-171.

② 夏太寿,张玉斌,高冉晖,等.我国新型研发机构协同创新模式与机制研究:以苏粤陕 6 家新型研发机构为例[J].科技进步与对策,2014(14):13-19.

新型研发机构进行应用研究、工程转化、产业孵化并实现对知识产权资产的管理。作为第三方的新型研发机构，其性质可考虑是具有法人资格的非营利性组织。第三方可以充分与企业发生经济、法律关系，承担相应的经济法律责任。这种模式使第三方成为科技成果转化的"防火墙"。新型研发机构选出产业化前景较好的项目，以具体的项目创新平台为载体，通过知识产权交易和资本化运营，将科技成果通过以转让、许可、作价入股等方式与园区企业合作并产业化，完成由技术到产品的最关键、最惊险的一跃。

广东顺德创新产业园以广东德雅创新研究院和广州示范中心等平台为背景，通过与院校及科研院所、集团公司、广东省标准化研究院等开展协同创新，打造集孵化器、加速器、产业园于一体的全链条高科技主题产业园和示范区。创新研究院充分发挥民办非企业体制机制灵活、政产学研密切协同的优势，通过开展前沿技术协同创新和应用研究、促进优质成果和项目在创新产业园落地孵化、为创新产业园内的企业提供公共技术服务和科技咨询服务，促进广东顺德创新产业园发展新动能不断内生涌现，发展方式由要素驱动、投资驱动向创新驱动和内涵式发展转变。

三、以交易平台为核心的 PPP 模式

以交易平台为核心的 PPP 模式是指，通过构建政府引导、社会参与、市场化运营的技术交易平台，连接企业与科技成果两端，形成科技成果转移转化全链条服务体系，促进成果转移转化和产业化。交易平台以市场化运营模式组建科技公司运营交易中心，政府以购买服务方式给予补助和引导。

绵阳国家军民两用技术交易中心以成果遴选、评估、再研发和交易担保等服务为手段，构建发布与交易系统线上平台、七大核心数据库和七大服务平台，促进技术交易、科技成果转移转化和产业化。线上平台涵盖技术信息对接、在线交易服务、大数据分析等功能，集成了成果库、企业库、专家库、评估评价师库、技术经纪人库、创新需求库、大型仪器设备库七大核心数据库，建设了综合服务、金融服务、知识产权服务、民参军服务、成果展示与交易、国际合作、创业服务七大服务平台。

绵阳国家军民两用技术交易中心大力挖掘四川科研机构、院校的科技成果，积极对接中国社会科学院信息情报研究所，获取地方创新系列研究成果或国家支持，并对接省内外技术交易、成果转化服务机构。2017 年底，该中心已完成技术交易 1241 项，累积成交金额达 11.25 亿元。该中心以开放性技术交易和科技创新综合服务较大程度地促进了绵阳科技城的高质量发展。

四、以产业联盟为核心的产业链拓展模式

以产业联盟为核心的产业链拓展模式是指，高科技产业园区的核心企业或相关机构通过产业联盟的方式，增强上下游配套产业的关联协同，形成一条或者几条组织化程度较高的产业链，并最终形成产品链完善、零部件体系配套、产业结构优化的空间布局的发展方式。该模式在横向上能够突破条块分割障碍，降低交易成本；在纵向上能够打通产业链通道，产生协同效应和外部规模经济效应，促进产业园集群式发展。它主要存在于园区核心企业对产业链具有超强带动力和辐射力的高科技产业园区。

四川某产业联盟建起"1+1+1+N"多位一体的协同创新网络，即1个平台群，1个资源共享云平台，1支100亿规模的企业发展股权投资基金，"N"则为组织系列论坛和银企对接会、共建高技能人才培训基地等措施，以实现资源共享、风险共担、互利共赢。由于产业联盟是契约型合作组织，缺乏法律刚性约束，因此该产业联盟同时也面临内部管理松散，后期成员单位参与度逐渐降低，受发起单位经营管理和资金管控等影响出现运行受限等问题。解决产业联盟激励问题是该模式持续顺利运行的关键。

第三节　高科技协同创新赋能园区
高质量发展的对策建议

本节从战略协同、知识协同、组织协同和制度协同四个方面提出高科技协同创新驱动园区高质量发展的对策建议。

一、通过战略协同融入经济建设总布局

高科技产业园区战略协同就是园区在功能定位、区域布局和园区发展战略等方面要充分对接并融入国家和区域发展战略规划和总体布局，在整体协同发展"一盘棋"的思路下谋划各园区的发展问题，打破其发展的行政区划界限和市场壁垒制约，避免产业发展同质化和恶性竞争，形成布局合理、差异发展、功能协调的发展格局，产生"1+1>2"的协同效应。

首先，应对接国家战略需求，优化高科技产业园的总体布局。高科技产业园

区发展要与区域发展战略、城镇化发展战略、城市群发展战略进行战略协同，优化自身发展总体规划。一是与区域发展战略融合。例如，在长江流域、京津冀地区、粤港澳大湾区的高科技产业园，要积极与国家长江经济带发展、京津冀协同发展和粤港澳大湾区建设战略融合，积极争取纳入区域战略发展规划。二是与城镇化发展战略融合，探索建立高科技特色小镇，以园促城、以城带园，走出一条产业化带动城市化、城市化促进产业化的发展道路。三是与城市群发展战略融合。例如，长三角的高科技产业园区要积极融入长三角城市群发展，湖南、湖北、江西的产业基地要对接长江中游城市群发展规划，四川、重庆的高科技产业园区要积极参与成渝城市群发展，促进城市群之间、城市群内部的协作，形成集约高效、协同创新的城市群发展格局。

其次，应坚持优势与特色相统一，明确不同层次园区发展的重点和任务。高科技产业园区建设要因地制宜，发挥比较优势，合理选择发展方向和主导产业。创新基础较好的高科技产业园区要在进一步提升原始创新和集成创新能力的基础上，注重提升协同创新水平。平台基础较好的高科技产业园区要发挥平台在沟通、协同、交易等方面的独特优势。我国中西部的高科技产业园区要走差异化和跨越式发展道路，加快先进技术的推广和应用，注重产业转移和承接，在重点领域实现创新突破。不同层次的高科技发展园区承担的示范任务也有区别。在国家层面上，以国家自主创新示范区为背景的园区要推动科技领域协同创新发展，以国家新型工业化产业基地为依托的园区要示范推动产业融合和协同发展。在省级层面上，省级高科技创新示范区承担探索地方经济建设高质量发展的任务。

二、通过知识协同打通创新驱动全链条

知识协同是指知识在高科技产业园区之间的转移、消化、集成和再创造，构建科技整合、协同创新及其知识产权保护全链条。它的本质是创新主体各自拥有的知识体系通过产业链、创新链作用实现相互转换和提升，具体包括技术和知识产权的协同创新、合作共享和转移转化。

一是鼓励园区内企业着眼行业趋势、自身和竞争对手的专利比较情况进行针对性的专利布局，在重大核心技术上要抢先注册高价值专利，围绕核心专利形成专利池。鼓励深化和拓展知识产权金融服务，引进国内外知名知识产权服务中介，构建全链条的知识产权服务体系，推动知识产权商品化、产业化、资本化，并通过知识产权评估、知识产权拍卖、出资与质押、知识产权证券化等方法发挥其最大效益。

二是常态化组织开展国防专利信息解密和脱密处理、信息发布等公共服务。在不涉及国家安全和机密的前提下，规范确定可公开的国防专利信息内容，使国防专利信息在最大范围内得到传播，使民口获得更大范围和较新的国防专利技术信息，发挥国防知识产权在推动高科技产业园区高质量发展中的重要支撑作用。探讨国防专利的转让、许可和补偿定价问题，以唤醒"沉睡"的国防专利。建立健全知识产权维权机制，可在知识产权法院成立专门的国防知识产权特别法庭，解决高科技产业园区发展中的国防知识产权的保护、纠纷处理和法律援助问题。

三是重视并发挥好第三方新型科研机构在知识产权运营方面的特殊作用。第三方平台聚焦创新链的中试和商品化环节，将科技成果通过知识产权交易和资本化等方式精准对接地方政府产业发展规划、产业特色和产业转型升级的现实需求，完成由技术到产品的最关键、最惊险的一跃，是科技成果服务地方经济建设的孵化器和加速器。新型研发机构的性质可考虑是具有独立法人资格的非营利性组织，其主要目的是促进科研成果的应用研究、工程转化、产业孵化。内部治理机制应尽可能地去行政化，按照市场规则建设灵活的人才激励政策。

三、通过组织协同构建园区运行管理新体系

高科技产业园区的区域特色鲜明、战略定位高，涉及跨区域、跨部门、跨行业的不同创新主体，逐步形成了高科技协同创新的网络体系。因此，需要从更广范围、更高层次、更深程度构建一个跨部门、跨区域、多维度的组织管理协同网络体系。

第一，构建高效畅通的协同体系。在中央—部委—地方协同维度，可在中央科技委员会办公室牵头下，由国家发展和改革委员会、科技部、工信部等部委进行战略协同，在高科技园区发展规划、总体布局、跨区域跨部门的重大合作、重大项目决策和公共物品供给方面"自上而下"地进行统筹协调。依托国家职能部门完善产业需求、园区建设定期重大情况报告制度。在跨区域"自下而上"的协同方面，由部分高科技产业基地或核心企业从供给侧产品和产业发展诉求入手，"自下而上"地反馈情况。

第二，构建科学规范的考核评估体系。高科技产业园区建设要做到准入有门槛、建设有目标、考核有标准，避免"一哄而上"。高科技产业园要彰显科技创新、协同发展服务特色，对于入园的企业要进行严格筛选，而对于如何界定高科技企业高科技园区要构建科学规范的考核评估体系。同时，对于入园的企业要对其经济和社会效益进行综合考评，跟踪反馈。明确协同创新成果转化中引进资金

的奖励比例、中介组织可以提成的比例等。对科研人员和管理层采取股权、期权激励,分享协同创新收益。

四、通过制度协同营造园区良好政策新环境

制度协同是推进高科技产业园区协同发展的外部支撑,为其提供良好的制度环境和法律保障。第一,完善国家和区域层面的政策法规保障。园区应主动对接《"一带一路"科技创新行动计划》《长江经济带发展规划纲要》和流域内各省市的发展规划。针对国家高科技产业园区协同发展中的区域布局、功能定位、园区发展战略等问题,相关职能部门应研究出台相应指导性文件,在全局"一盘棋"思路下指导各省市高科技产业园区实现优势互补、良性互动的协同发展,避免同构化、同质化的恶性竞争。

第二,完善园区的中介交易服务平台。要进一步提高现有技术转移中介服务机构,如上海技术交易所、中国技术交易所、北方国家版权交易中心、北部湾产权交易所、各省市知识产权交易中心及其运营的平台等,促进技术转移和产业化及提供专业知识产权评估、交易服务的水平。此外,交易平台要延伸拓展服务链条,一方面,要向应用性开发和中试进行前孵化器阶段延伸,更好了解成果的背景和成熟度;另一方面,要向技术产业化阶段延伸,提供更精准的金融支持、平台渠道和服务支持等。成果转移管理机构要主动建立与中介交易平台长期、顺畅的沟通渠道,实现成果信息与市场需求的无缝衔接。

第三,完善财税金融制度保障。高科技产业园区协同发展要构建科技创新与金融创新双轮驱动,创新链、产业链、金融链三链闭环的发展模式。要通过金融创新,将科技与金融相结合,采取各种直接融资和间接融资方式推动园区高质量发展。鼓励各省市成立高科技创投基金并支持产业园区发展。鼓励金融机构开展产品和服务创新,探索知识产权质押贷款、股权质押贷款、信用保险和贸易融资、科技保险、产业链融资等新型融资服务,如某些省市科技支行为高科技企业量身提供技改贷款、高科技企业补贴贷款、订单融资等金融创新产品和服务。

 本章小结

高科技协同创新主体通过地理空间集聚、空间关联形成各类高科技产业园区。本章提出高科技协同创新赋能园区高质量发展的四种主要模式,主要包括以分享经济为背景的资源共享模式、以新型研发机构为核心的第三方模式、以交易

平台为核心的 PPP 模式和以产业联盟为核心的产业链拓展模式。最后，提出高科技协同创新赋能园区高质量发展的对策建议，包括通过战略协同融入经济建设总布局，通过知识协同打通创新驱动全链条，通过组织协同构建园区运营管理新体系，通过制度协同营造园区发展良好政策新环境。

第七章
高科技协同创新的人才支撑

人才是高科技协同创新最灵动的要素。党的二十大报告深刻指出，教育、科技、人才是全面建设社会主义现代化国家的基础性、战略性支撑。新时代经济由高速增长阶段转向高质量发展阶段，高质量发展急需高水平的人力资源。如何精准定位各层次高科技创新人才培养目标、科学制定培养方案、清晰规划职业道路，形成社会反馈闭环，成为高校高度重视和亟须思考谋划的重要问题。高科技协同创新是产业发展、人才培养和科学研究三方功能的协同与集成，培养高素质科技创新人才需要走协同创新道路。

第一节　高科技协同创新促进高素质
人才培养的重大意义

一、战略需求层：更好实现国家安全和发展利益相统一

安全与发展问题如车之两轮、鸟之两翼，不可偏废。坚持总体国家安全观，必然要求高科技协同创新培养人才既要服务于国家发展利益，也要充分考虑国家安全需求。高科技协同创新培养高素质科技创新人才是从国家安全和发展相统一的战略高度促进产业、科技和教育领域三方的协同，主动优化院校学科专业布局，促进现有工科的交叉复合、工科与其他学科的交叉融合，积极发展新工科，培养急需的工程技术人才，也为社会发展培育后备力量，最终服务于一体化国家战略体系和能力建设。

二、培养目标层：更好从供给侧和需求侧两端发力化解人才供需矛盾

从供给侧看，在高等教育普及过程中，部分高校存在招生规模过度扩张、办学经费不足、学科专业有待优化和人才培养质量相对滞后等问题。高校供给侧人才培养改革坚持面向世界科技前沿、面向经济主战场、面向国家重大需求、面向人民生命健康，着力推动学科专业结构调整，提高科技创新人才供给体系质量。

从需求侧看，随着科教兴国战略、创新驱动发展战略的深入实施，我国重大项目和工程加快推进。科技领域"卡脖子"技术突破急需高素质工程技术人才和拔尖创新型人才。高科技协同创新培养的高素质科技创新人才可以从供需两端发力化解上述人才供需矛盾。

三、实现路径层：更好兼顾行业特色与区域发展

高科技协同创新可通过高科技协同创新各类试验平台、产业基地和园区以及与地方政府、核心企业和重要企业等在战略合作协议下的各类实习基地等培养高素质人才。高等院校通过各类高科技协同创新平台深化院校与地方政府、企业战略合作，通过供给重大项目和工程的紧缺人才，破除科技成果转化坚冰，服务区域经济发展。在合作过程中，院校能较好掌握特色行业和区域发展对高素质科技创新人才的需求，分行业类别、区域发展、培养层次对本科生、硕士和博士研究生精准定位培养目标、科学制定培养方案、清晰规划职业道路，形成社会反馈闭环。

第二节　高科技协同创新培养高素质人才的现状及存在的问题

一、基本情况

针对某院校的在校学生，共发放电子问卷 200 份，收回 196 份。其中，本科生、硕士和博士研究生人数及专业分布如图 7-1 和表 7-1 所示。

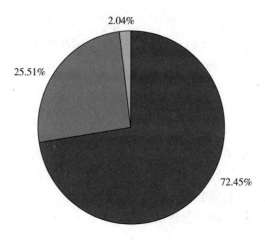

图 7-1 学生不同学历层次分布

表 7-1 学生不同专业分布

序号	专业	人数	占比/%
1	计算机科学与技术	80	40.82
2	软件工程	20	10.20
3	网络空间安全	4	2.04
4	集成电路工程	10	5.10
5	电子科学与技术	10	5.10
6	信息与通信工程	27	13.78
7	电子与通信工程	12	6.12
8	机械工程	3	1.53
9	控制科学与工程	1	0.52
10	航空宇航科学与技术	7	3.57
11	其他专业	22	11.22
有效填写人数		196	

所调查学生参与协同创新情况如图 7-2 所示。

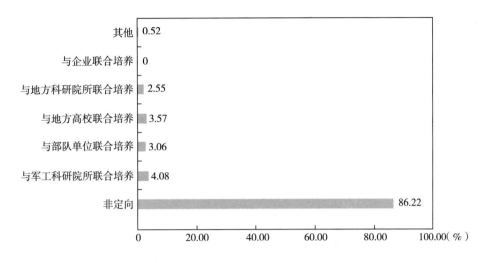

图7-2 学生参与协同创新情况

二、主要问题

（一）人才培养方案对实践教学的设计与学生期盼有较大差距

1. 一级项目和二级项目学时占总学时的比重偏低

人才培养方案中，实践教学环节学分为73分，一级项目和二级项目设计学时占总学时的比重偏低。

2. 人才培养方案中对学生的实践培养途径较为单一

人才培养方案的实践教学环节主要包括毕业设计、项目设计、岗前实习。学校的岗前实习注重的是岗前课程学习。以计算机科学与技术专业为例，在一体化鱼骨式培养规划图中，首次任职专业必修课程包括人工智能岗位实习，就业岗前专业选修课包括网络关联、计算机图形学等四门课程。在问卷调查中，学生对去优质企业实习、自主实践实习、提供经费申请赴国外高校的暑期学习有较为强烈的呼声，如图7-3所示。

3. 没有很好体现不同层次学生对实践教学需求的差异性

调查问卷显示，本科生对于产业园区、民营企业、国有企业的实践教学有显著偏好，硕士研究生对民营企业、科研院所的实践教学有较强选择偏好，博士研究生则多数选择科研院所和高校。不同培养层次的学生毕业后优先选择的就业领域与实践教学需求高度契合，但也存在较大差异性。现有的培养方案对不同培养层次学生实践教学的区别度、分层体现不足。

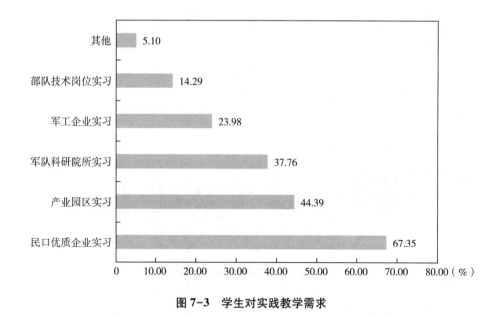

图7-3 学生对实践教学需求

（二）学生不清楚学校实践教学做法

调查问卷显示，17.35%的学生没看过所在阶段的人才培养方案，56.63%的学生粗略看过所在阶段的人才培养方案，只有26.02%的学生仔细看过所在阶段的人才培养方案，如图7-4所示。

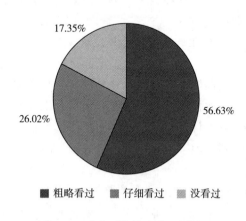

图7-4 学生对培养方案了解情况

（三）以高科技协同创新为实践教学重要路径探索不够

调查显示，很多硕士研究生和博士研究生所在课题组与科研院所、高校、国有企业、民营企业、政府部门存在合作研究，比例分布如图 7-5 所示。前三名分别为与军队科研院所、地方科研院所和地方高校的合作研究和协同创新。

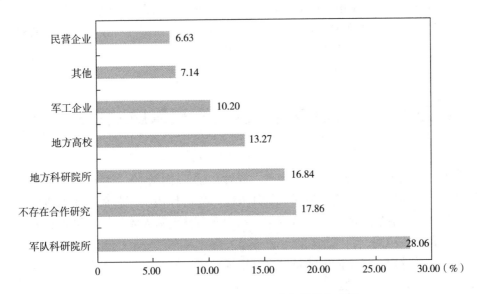

图 7-5　与学生所在课题组有合作的单位类型

合作形式包括项目共同研发、企业产业化应用、服务产业园区、地方协同创新研究院等多种形式，比例分布如图 7-6 所示。课题组与其他单位的项目共同研

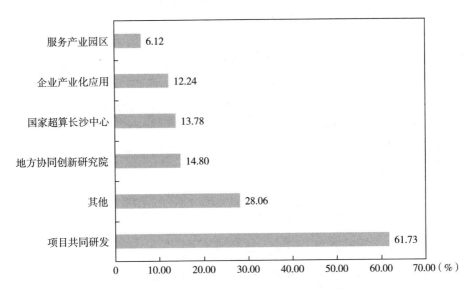

图 7-6　学生所在课题组与其他单位合作方式的情况

发所占比重最大，为 61.73%；其次为以地方协同创新研究院（占比为 14.8%）、国家超算长沙中心（占比为 13.78%）进行合作的形式。

尽管学生所在课题组与其他单位合作方式较为多元，但是其在学生人才培养方案中没有被作为成熟的实践教学方式加以制度化，使得高科技协同创新培养高素质人才这一重要路径具有随机性、零散性。

第三节　高科技协同创新培养高素质人才的机理

本节从创新的全链条即知识涌现、研发、成果转移转化到最终产业化角度分析高科技协同创新引领高素质科技创新人才培养的作用机理。在新知识涌现—技术创新—新产业发展的闭环全过程中，高素质科技创新人才是贯穿始终的决定性因素。高科技协同创新既推动闭环各环节发展，又在各环节传递过程中发挥重要作用，在全过程与高素质人才培养交互反馈螺旋上升汇聚成经济高质量发展和新质战斗力生成的新动能。

一、通过知识交叉融合培养高素质人才

在"高科技协同创新—知识交叉融合"环节，高科技协同创新通过知识交易、联合创造和自主研发等加速知识创造，通过知识扩散及溢出加速知识流动，通过螺旋式方式加速知识增殖。知识创造、知识流动和知识增殖加速新知识涌现。依据知识的现存量、知识的增殖量、知识的粘滞性、知识的主要来源以及知识流动路径不同，可将创新知识分为基础科学性知识、复合交叉性知识、成熟应用性知识三大类。不同的知识类型会影响技术创新的路径选择。高科技协同创新在知识发现的源头促进现有学科的交叉复合、工科与其他学科的交叉融合，使知识专业分割变为跨界交叉融合，乃至催生新的学科专业，并通过完善、创造新学科的知识体系、学科门类培养高素质人才。

二、通过技术发展培养高素质人才

技术发展建立在新知识涌现基础上。不同的知识类型及其属性差异带来技术创新的不同模式。基础性科学知识将对旧技术形成革命性或者颠覆性突破，对应革命性创新；复合交叉性知识是技术创新周期中的不连续点，对应突破性创新；

成熟应用型知识是基于原先技术轨道上的扩展和延伸，对应渐进式创新。

在"高科技协同创新—技术发展"环节，主要针对前沿尖端技术、关键共性技术和关键材料、核心元器件等瓶颈短板，高科技协同创新通过发现、培育、运用可服务于重大科技项目、科技装置和龙头工程的上述技术和关键材料、核心元器件，推动技术创新发展。

高科技协同创新通过服务满足应用需求，特别是牵引高素质科技创新人才培养的需求；通过重大科技项目、科技装置和龙头工程的建设，培养和锻炼高素质人才；通过设计权益归属和利益分配方案，激发协同创新主体协同攻关内生动力，培养高素质人才。

三、通过新兴产业发展培养高素质人才

海洋、太空、网络、生物、新材料新能源、人工智能是国家战略性新兴产业领域，同时也是高科技协同创新培养高素质人才的重点发展方向。新兴产业发展呼唤适应新经济、新产业、新业态的高素质人才，同时它也是高素质人才服务和就业的主阵地。在"高科技协同创新—新兴产业发展"环节，高科技协同创新通过耦合、对接、匹配、优化、双向转化新兴技术，推动新兴产业发展，具体渠道有高科技协同创新各类平台，如高科技协同创新研究院、高科技协同创新中心、产业园区和龙头企业等。

四、高科技协同创新与高素质人才交互反馈螺旋式上升汇聚新动能

在促进新知识涌现、技术创新和新兴产业发展全链条过程中，新知识在重点企业、园区和各类高科技协同创新平台中以试错学习、技术扩散和转移发挥国防科技创新资源集聚溢出效应和协同创新优势，以重大创新和突破牵引带动新技术和新兴产业涌现。通过前沿尖端技术、关键共性技术和关键材料、核心元器件等方面的两用技术成果转化应用，孵化催生新兴产业实现新产业集聚式良性发展。在新知识涌现、技术创新和新兴产业发展过程中，人才是最灵动的要素。新知识涌现影响着高素质科技人才培养规划的培养目标、课程体系和教学质量保障体系设计。新兴领域产业集聚为高素质人才培养提供空间场所和实践平台。

高科技协同创新从国家安全和发展相统一的战略高度促进产业、科技和教育领域的互动协调，协同创新主体通过战略规划、动力机制、结构体系和制度保障分别形成战略协同、知识协同、组织协同和制度协同促进新知识涌现、技术创新

和新兴产业发展，最终与高素质人才交互反馈螺旋式上升汇聚成经济高质量发展和新质战斗力生成的新动能，如图7-7所示。

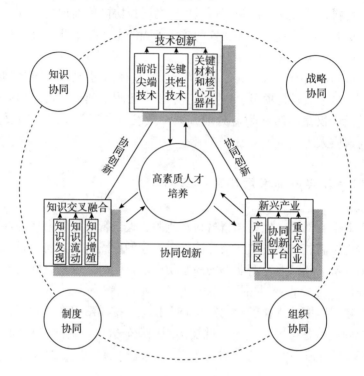

图7-7 高科技协同创新与高素质人才培养的一般机理

第四节 高科技协同创新培养高素质人才的主要模式

高等院校培养高素质人才既要服务国家发展，又要充分考虑国家安全战略需求。"学研产用"脱节，是制约人才培养的难题。为破解这一难题，高等院校立足国防科技创新的资源基础，构建跨部门、政产学研用有机结合的协同创新平台，依托产业园区完善创新链、拓展产业链，探索建立院校与用人单位的联席会机制，在实现资源的优化配置和科学使用的过程中培育高素质人才。

一、以"新型研发机构—院校"为主导的超算中心模式

新型研发机构是指投资主体多元化、建设模式多样化、运行机制市场化、管

理制度现代化，在科学研发与成果转化、创新创业与孵化育成、人才培养与引进等方面形成鲜明特色、政产学研密切协同、独立核算、自主经营、自负盈亏、可持续发展的独立法人组织或机构。与传统研发机构相比，新型科研机构具有治理模式去行政化、体制机制灵活创新、功能定位体现政府导向、政产学研高度协同等特点。高等院校与地方政府共建的超级计算中心是具有独立法人资格、自收自支的事业单位，体制机制灵活，政产学研密切协同，是新型研发机构的一种重要探索。

　　"天河一号"在天津超算中心"服役"后，为国家大科学、大工程科研创新项目提供全面支持，已累计支持国家重大项目超过 1600 项；支持完成国家级、省部级奖励成果和包括国际权威学术期刊 *Nature*、*Science* 在内的学术成果 2000 余项。超算中心聚焦区域优势特色产业，突出主攻方向，打造特色高性能计算服务平台，布局大数据产业链。大数据产业通过对行业和领域数据的统计、分析、挖掘和人工智能，挖掘数据金矿，创造财富价值。超算中心与卫生健康委员会相关机构、北京天坛医院、湘雅医院、华西医院等单位联合建立医疗大数据中心，在此基础上研发类似"人工智能医生 CDSS"等产品；与招商银行、中国工商银行等联合建立金融企业征信大数据平台、金融风控平台和企业风险预警平台；与国内高校、河北省内著名中小学、著名教育机构合作建立教育大数据中心。国家超算中心开展超级计算机、大数据、云计算相关领域的人才培训工作，依托省教育部门建立实习基地，为计算机类高素质人才提供实践实习教学基地，吸纳计算机类高素质人才就业。

二、以"产业园区实践教学基地—院校优势工科专业"为依托的产业链拓展协同模式

　　这种模式是指产业园区的核心企业或相关机构通过上下游配套产业的关联协同，形成一条或者几条组织化程度较高的产业链，并最终形成产品链完善、零部件体系配套、产业结构优化的空间布局的发展方式。该模式在横向上能够突破条块分割障碍，降低交易成本；在纵向上能够打通产业链通道，产生协同效应和外部规模经济效应，促进产业园集群式发展。产业园区通过为高等院校项目做配套、联合申报项目、联合成立实践基地、提供就业岗前培训等方式进行高素质人才培养和培训。

　　软件园通过孵化培育、扶持创新打造软件业与移动互联网业、北斗产业的"航母联合舰队"和发展平台。某湖南科技有限公司落户软件园，依托银河飞腾微处理器和天河高性能计算机技术专注于数字信号处理器（DSP）产品、嵌入式智

能板卡以及自主可控信息系统装备的研发、生产、销售和服务，市场份额居国内领先地位。以"飞腾"芯片和"麒麟"操作系统为核心，相关公司签署战略协议，构建以可替代"Intel"和"Windows"的"PK"体系为核心的技术生态、产品生态和应用生态。学生在读期间通过参与项目、实习锻炼、就业岗前培训等方式加入园区生态体系。"PK"生态体系为院校计算机类人才提供实践实习教学基地，吸纳计算机类高素质人才就业。

三、以"行业企业—政府—院校"为主导的协同创新研究院模式

在探索高科技协同创新实践过程中，高等院校与地方政府合作，"企业—高校"的二元合作逐渐转向"企业—政府—高校"的三元合作，以政府在新经济、新业态的技术和产业需求为牵引和纽带，以行业企业为抓手，院校通过专业建设和课程与课堂改革，探索行业企业、高等院校共建联席会机制，突出在情况通报、任务对接、协调会商等方面的信息共享，协调政策机制，构建跨部门、跨领域、政产学研用有机结合的高科技协同创新模式，培育高素质人才。

院校和科研院所将科技成果的所有权与经营权进行分离，将其委托给第三方高科技协同创新研究院进行应用研究、工程转化、产业孵化并实现资产管理。协同创新研究院筛选出产业化前景较好的项目，以具体的项目创新平台为载体，通过知识产权交易和资本化运营，将科技成果通过以转让、许可、作价入股等方式产业化，完成由技术到产品的最关键、最惊险的一跃。

高等院校与湖南省共建的湖南省产业技术协同创新研究院、与天津市滨海新区共建的天津滨海新区创新研究院，以科技创新、成果转化为抓手，以核心企业及其产业生态链为载体，探索科技领域的创新链、产业链、资金链、人才链、服务链的"五链融合"新路径，着力化解人才供需矛盾，培养的高素质人才成为国防科技工业人才队伍的重要来源。创新研究院与行业企业等联合成立天津飞腾信息技术有限公司、天津麒麟信息技术有限公司等核心企业，在科技成果产业化的同时，吸纳高素质人才就业，创办麒麟学院培训、服务高素质人才。

四、以"科研院所—院校"为主导的联合培养模式

充分发挥院校在学科专业、师资力量、科研环境等方面的显著特色和优势，通过与地方科研院所、高校实行联合，培养高素质人才。

从2004年开始，某高等院校与医科大学合作探索八年制专业独有的联合培养模式，医科大学八年制的学生前两年在院校学习理工科基础课程，之后再回到

医科大学进行专业课程的学习。2012 年，这批毕业的八年制的学生 97% 左右被各三甲医院录取，"没有一个学生转行"。这一联合人才培养的举措取得了良好的社会效益和经济效益。

自 2010 年起，中南林业科技大学土木工程与力学学院（现更名为土木工程学院）与某院校航天科学与工程学院签订相关合作及保密协议，每年从中南林业科技大学挑选 2～4 名工程力学专业的本科生到某院校高分子复合材料实验室进行本科毕业设计的联合培养工作。地方高校工程力学专业四年制本科生前三年在本校完成课程学习任务、取得规定学分，第四年上学期采取自愿报名、所在学院审查筛选的方式，确定进入某院校高分子复合材料实验室进行本科毕业设计工作的学生名单。某院校将根据联合培养学生的人数和专业特长，确定指导老师，并由双方导师结合相关科研课题实验，拟定毕业论文题目，下达毕业论文指导书，进行课题开题报告。第四年下学期，参与联合培养的学生将正式进入某院校高分子复合材料实验室，充分利用该实验室的先进仪器、工艺、装备等软硬件优质资源，进行毕业设计相关工作。联合培养学生的学位论文由双方指导老师检查后送审，最终学生回到中南林业科技大学进行学位论文答辩，答辩通过后获得中南林业科技大学的本科毕业文凭。从历年联合培养毕业生的成效来看，这些学生较大部分因为表现突出而被推荐免试攻读本校或其他高校的硕士研究生，其余同学也都找到了心仪的工作，实现了 100% 就业。

第五节　高科技协同创新培养高素质人才的对策建议

一、重视以高科技协同创新为实践教学抓手培养高素质人才

调查问卷显示，28.57% 的调查者认为与其他单位的合作研发、成果推广应用对科研学习非常有帮助，37.24% 的调查者认为与其他单位的合作研发、成果推广应用对科研学习很有帮助，22.96% 的调查者认为与其他单位的合作研发、成果推广应用对科研学习比较有帮助（见图 7-8）。

在合作研发与学生未来就业关系方面，32.65% 的调查者认为与其他单位的合作研发、成果推广应用对未来就业非常有帮助，42.86% 的调查者认为与其他单位的合作研发、成果推广应用对未来就业很有帮助，14.29% 的调查者认为与其他单位的合作研发、成果推广应用对未来就业比较有帮助（见图 7-9）。

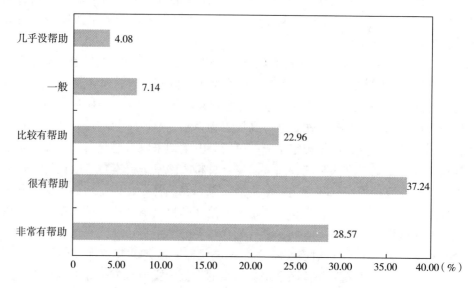

图 7-8　高科技协同创新对学生科研学习的作用

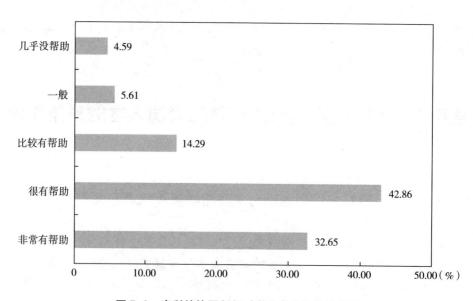

图 7-9　高科技协同创新对学生未来就业的作用

　　建议院校更加重视通过高科技协同创新各种途径培养高素质人才,并根据学生的不同培养层次、不同专业酌情选择合适的路径。对于本科生,可侧重利用产业化应用的高科技协同创新平台进行培养,如产业园、优质民营企业、国有企业等；对于研究生，可侧重利用研发的高科技协同创新平台进行培养，如新型研发机构、地方科研院所、高校等。

二、完善"专业建设、课堂与课程、实践教学"三位一体的高素质人才培养规划

针对本科生、硕士和博士研究生精准定位培养目标、科学制定培养方案、清晰规划职业道路，形成以内部评价、专业层面和社会层面的外部评价相结合的反馈闭环。突出实践教学环节在高素质人才培养中的地位，加大就业岗前专业课程的岗位实习、项目设计、毕业设计的实践锻炼。

在院校本科生一体化鱼骨式培养规划图中，构建专业建设、课堂与课程、实践教学三位一体的培养规划，培养高素质人才。

在专业建设环节，发挥"双一流"优势学科群的牵引作用，注重交叉学科的融合，规划学生知识、能力的增长过程和路径，培养高素质人才。以计算机科学与技术专业的人工智能方向为例，计算机科学与技术专业在全国第四轮学科评估中为 A+，是一级学科国家重点学科，应以一流学科建设为牵引培养高素质人才。

在课堂与课程环节，发挥课堂与课程教学的主阵地作用，打牢高素质人才培养的知识基础。以计算机科学与技术专业的人工智能方向为例，学科基础必修课由计算机基础课程群、信息系统课程群构成，学科选修课包括计算机体系结构、计算机安全等八门课程，就业岗前专业必修课包括人工智能课程群、大数据课程群。

在实践教学环节，通过毕业设计、项目设计、岗前实习等将每个学期应培养的知识、能力、素质聚合。在一体化鱼骨式培养规划图中，学科基础必修课包括计算机系统综合实践，首次任职专业必修课程包括人工智能岗位实习，就业岗前专业选修课包括网络关联、计算机图形学等四门课程。

三、落实高科技协同创新培养高素质人才的评价反馈闭环

高素质人才培养的质量最终要经受用人单位的检验和评价。人才培养方案的质量评估体系包括基于学习结果的评估与持续改进体系、课程层面的评估与改进体系以及专业层面的评估与改进体系。探索形成以内部评价、专业层面和社会层面的外部评价相结合的高素质人才培养评价反馈闭环，并以踏石有印、抓铁有痕的精神贯彻落实。

对于内部评价，可借助大数据等信息化手段记录与分析学生成长记录档案、

职业素养培养等方面的内容，为人才培养方案提供全面的、可分析的支撑。建议军队院校形成对已毕业的本科生、硕士研究生、博士研究生发展情况进行跟踪调查的长效机制，遴选出优秀的高素质人才，通过分析他们在校期间学生管理系统记录的学生学籍表，如每门课程的成绩、图书借阅等信息，医院体检记录的学生身体素质，学生考评系统记录的学生体能素质、参加各项活动情况，改进学校的人才培养方案。

对于专业层面的外部评价，聘请独立第三方对学生培养质量进行评价，包括评价不同层次的中期职业发展、就业竞争力、就业特色与优势、校友评价等，并形成具体反馈报告供院校参考，以形成评价反馈闭环，持续改进人才培养方案。

对社会层面的外部评价，分类型对学生的主要就业单位进行跟踪了解，评价毕业学生的工作情况、就业竞争力、用人单位对人才的培养要求以及对专业教学的反馈意见，以形成评价反馈闭环，持续改进人才培养方案。

四、探索培养高素质人才的各类高科技协同创新平台

调查显示，尽管学生所在课题组与其他单位合作方式较为多元，但是在学生人才培养方案中实践教学没有被作为成熟的实践教学方式加以制度化，这使得高科技协同创新培养高素质人才这一重要路径具有随机性、零散性和不确定性。建议军队院校根据不同层次学生的人才培养需求，探索形成固定的高科技协同创新平台。学校下属的学院应积极与各类产业园区、优质民营企业、国有企业、地方科研院所等沟通，搭建稳定的实习基地，利用假期组织学生实习。

以"新型研发机构—学校"为主导的高科技协同创新平台，如高科技协同创新研究院，适合作为研究生培养的基地。

以"产业园区实践教学基地—学校优势工科专业"为主导高科技协同创新平台，如高科技产业园、产业示范基地等，可重点作为本科生培养的实习平台和基地。

以"行业企业—学校"为主导的高科技协同创新平台，如国内著名的科技企业、脱胎于学校的创业企业、专业对口的军工企业等，可作为本科生和专业硕士研究生培养的实习平台和基地。

以相关技术岗位、科研院所为主导的高科技协同创新平台，可根据实际需求推荐毕业后有志献身国防事业、从事文职工作的相关学生进行实习锻炼。

五、完善高科技协同创新培养高素质人才的协同机制

（一）实现目标协同

在科技兴国战略、创新驱动发展战略大背景下，高等工程院校培养高素质人才既要服务经济社会发展需求，也要充分考虑国家安全战略需求，实现服务发展和安全的双赢。

（二）实现组织协同

在高等工程院校培养高素质人才的具体组织运行上，要探索构建高效畅通的协同体系，构建科学规范的考核评估体系，探索学科交叉融合培养高素质人才的路径等。按照先试点、后铺开的思路，结合工科专业具体的高科技协同创新平台和模式分析，通过教学内容、课程体系和实践课程来培养高素质人才。

（三）实现制度协同

高等工程院校要立足现有工科优势，深化学校与地方政府、集团公司的战略合作模式，积极探索与新型研发机构、产业园区联合形成科技创新与人才培养合作体，培育新产业、新经济所急需的新工科紧缺人才。政府有关职能部门要出台相应政策为新型研发机构、产业园区等高科技协同创新各类平台提供财税金融支持和条件保障，鼓励高科技协同创新各类平台为高素质人才提供就业机会和就业培训。通过工科专业建设、高素质人才培养和新型研发机构与产业园区等实践基地人才交互反馈螺旋式上升，最终汇聚成经济高质量发展的新动能。

 本章小结

人才是高科技协同创新最灵动的要素。教育是高科技协同创新人才培养的引擎，本章以某院校为调研对象，分析高科技协同创新促进高素质人才培养的现状及存在的主要问题。

从创新的全链条即知识涌现、研发、成果转移转化到最终产业化角度分析高科技协同创新引领高素质人才培养的作用机理。在"新知识涌现—技术创新—新产业发展"的闭环全过程中，高素质人才是贯穿始终的决定性因素。高科技协同创新既推动闭环各环节发展，又在各环节传递过程中发挥重要作用，在全过程与高素质人才培养交互反馈螺旋上升，最终汇聚成发展新动能。

提出高科技协同创新促进高素质人才培养的主要模式，包括以"新型研发机构—院校"为主导的超算中心模式、以"产业园区实践教学基地—院校优势工科专业"为依托的产业链拓展协同模式、以"行业企业—政府—学校为主导"的协同创新研究院模式、以"科研院所—院校"为主导的联合培养模式。

　　最后，提出对策建议，包括重视以高科技协同创新为实践教学抓手培养高素质人才，完善"专业建设、课堂与课程、实践教学"三位一体的高素质人才培养规划，落实高科技协同创新培养高素质人才的评价反馈闭环，探索培养高素质人才的各类高科技协同创新平台，完善高科技协同创新培养高素质人才的协同机制。

第八章
高科技协同创新的金融支持

金融是经济的血脉。金融支持是高科技协同创新的触发器和加速器。高科技协同创新的金融支持分为广义和狭义两个方面。狭义的金融支持主要包括风险投资市场、科技信贷市场、科技资本市场、科技担保市场和科技保险等。广义的金融支持主要包括财政政策、税收政策、金融政策、信息政策等。本章探讨狭义上的金融支持问题。当前,各类金融机构服务高科技协同创新热情较高,但总体上存在时间较短、规模较小、系统性和辐射性不足等问题,亟须在金融支持高科技协同创新的政策支持、方式方法、路径机制等方面进行探索。

第一节 相关研究综述

一、科技金融的相关研究

卡萝塔·佩蕾丝(2007)在《技术革命与金融资本:泡沫与黄金时代的动力学》一书中提出了技术创新与金融资本的基本范式,即新技术早期的崛起是一个爆炸性增长时期,会导致经济出现较大的动荡和不确定性。风险资本家迅速投资新技术以获取高额利润,进而产生金融资本和技术创新的高度耦合,带来技术创新的繁荣和金融资产的几何级数增长。赵昌文等(2009)提出,科技金融是促进科技开发、成果转化和高新技术产业发展的一些金融工具、金融制度、金融政策与金融服务的系统性、创新性安排。房汉廷(2010)将科技金融的本质概况为四点:"是一种创新活动,即科学知识和技术发展被企业家转化为商业活动的融资行为总和;产生一种技术—经济范式;是科技被金融资本孵化为一种财富创造工具的科学技术资本化过程；是金融资本有机构成提高的过程。"2014 中国科技金融促进年会上，学者对科技金融相关主体的逻辑关系、风险问题和生态环境建设提出了有益建议。

在定量分析科技金融方面，曹颢等（2011）构建了我国科技金融发展指数，并运用组间连接法对我国科技金融指数进行聚类分析。王宏起和徐玉莲（2012）构建了科技创新与科技金融子系统有序度模型及符合系统协同度模型，以评估科技创新与科技金融的协同度。贾康等（2015）研究了科技型中小企业金融服务体系的政策优化问题，认为科技金融政策支持体系是包括财政政策、税收政策、金融政策、信息政策等多类政策的综合化体系。张玉喜和赵丽丽（2015）运用静态和动态面板数据模型分析中国科技金融投入对科技创新的作用效果，研究显示：短期内两者呈显著正相关关系，而长期效果不明显；科技金融投入对科技创新的作用效果存在地区差异。赵玲等（2018）提出，我国科技金融体系包括政府促进体系、风险投资市场、科技信贷市场、科技资本市场、科技担保市场和科技保险市场。张帆等（2020）研究了金融支持国防知识产权成果转化的问题，认为国防知识产权与发明人割裂导致一般金融产品难以通过审核，致使融资渠道狭窄。赵鸿程等（2020）运用 EBM-Undesirable 模型和社会网络分析法分析了中国科技金融效率的时空差异及影响因素，发现效率值的地区差异明显，呈现东、中、西部递减态势，且东部地区优势明显。京津冀和长三角的科技金融地区辐射效应最强。

二、协同创新的金融支持

李一然（2015）认为，信息不对称是影响金融资本进入产学研协同创新领域的主要问题，提出通过协同创新的"中间人模式"解决该问题，并对中间人的专业资质、保密要求、监管等提出较高要求。周开国等（2017）研究表明，在相同条件下，当企业融资约束越宽松、创新能力越弱时，其协同研发的意愿和支出均相对越高，其中创新能力的负面作用来自企业专有能力不足。张忠寿和高鹏（2019）认为，协同创新利益的合理分配是科技金融生态系统持续创新的重要动力，提出了基于委托代理理论的科技金融生态系统协同创新，以及一次利益分配机制和基于改进 Shapely 值法的科技型企业二次利益分配机制。

在区域协同创新的金融支持研究方面，徐玉莲等（2011）研究了区域科技创新与科技金融耦合协同度，结果显示我国各省市科技创新与科技金融耦合协调度整体偏低，大部分省市科技金融滞后于科技创新发展，东、中、西部地区耦合协调度差距较为显著。周海鹏和李媛媛（2016）运用系统协同度模型测度了京津冀区域金融创新系统协同度，并从金融发展基础、创新效率、创新效应和金融生态环境方面分析京津冀有序度的趋势和原因。

在产业集群协同创新的金融支持研究方面，李银伟（2014）提出，要建立包容性、多层次的融资体系支持产业集群协同创新。张妮（2016）运用数据包络分析法研究了产业集群协同创新的金融支持效率问题。张楠（2019）研究了风险投资集群与战略性新兴产业集群协同发展问题。

综上所述，学术界对于科技金融的内涵、特征和科技金融效率等问题有较为充分的研究，对协同创新的金融支持研究主要集中在对产学研协同创新、区域协同创新和产业集群协同创新的金融支持方面，对高科技协同创新的研究较为缺乏。

第二节　金融支持高科技协同创新的主要问题

下面从风险特性、金融市场供给、中小微企业融资等方面分析金融支持高科技协同创新的主要问题。

一、高风险、轻资产、无抵押物特性加剧了高科技协同创新主体融资难

在高科技协同创新过程中，某些项目具有高风险、长周期、轻资产和无抵押物等特点。为了进行估值和风险控制，降低放款风险，金融机构会要求企业尽可能详细披露经营信息。高风险特性加剧了高科技协同创新主体和金融机构的信息不对称，使估值难、风控难、处置难问题更加突出。

二、高科技协同创新主体的融资渠道和工具选择较少

当前，在市场多元化融资机制下，高科技协同创新主体融资渠道仍然较窄，融资工具选择范围少。只有少数企业采用股票、债券等方式进行融资，资本市场缺乏符合高科技协同创新特点的创新金融产品。2019 年，中国人民银行针对绵阳市的 148 家企业的调查显示，55.3%的企业是通过银行贷款获得发展资金，很多企业由于没有足够的实物进行抵押导致无法获得银行贷款。此外，金融机构针对高科技协同创新企业的风险投资、科技信贷、科技担保、科技保险等金融产品和服务较少。在高科技协同创新过程中，以单个科技项目进行融资的方式较为普

遍。这种融资方式获得的金融支持，分散发力，缺乏系统性、体系化的长期稳定金融保障，降低了对冲风险并弱化了金融支持的效果。

三、中小微企业面临规模小、渠道窄、成本高等融资困境

中小微企业在高科技协同创新中具有重要的作用。由于中小微企业规模较小，产品相对单一，固定资产占比较低，缺乏抵押物等，金融机构往往将信贷投放集中在发展成熟的大型企业，中小微企业很难获得贷款。统计数据显示，中小微企业平均生命周期只有 2～4 年，这么短的经营时间很难通过银行的风控体系评估。银行授信评估的主要逻辑是看企业未来的现金流能多大程度满足还本付息的需求，而高科技协同创新的中小微企业在较长的时期内是有投入没产出、有研发没产品的。科技型中小微企业拥有的知识产权抵押贷款存在估值和处置风险，金融机构为协同创新的中小微企业提供的专门金融产品和服务有限。

第三节　金融支持高科技协同创新的典型案例

本章以开发性金融支持高科技协同创新的"湖南模式"和金融服务平台中介支持高科技协同创新为典型案例，分析以政策性为主的金融机构和以盈利性为主的社会资本在为高科技协同创新提供金融支持中的主要做法和经验借鉴。

一、开发性金融支持高科技协同创新的"湖南模式"

国家开发银行是国务院领导下的开发性金融机构，通过开展中长期信贷与投资等金融业务，服务国民经济重大中长期发展战略。国家开发银行具有严格专业保密资质和金融业务资质，在服务科教兴国战略、创新驱动发展战略等国家重大战略时，适合承担"中间人"角色，解决高科技协同创新主体与金融机构信息不对称问题。

在实践探索中，国家开发银行湖南省分行探索了银政合作的"湖南模式"，包括"银政对接—规划先行—政策衔接—机制设计—组织推动—模式推广"六步走的系统性实施路径，如图 8-1 所示。

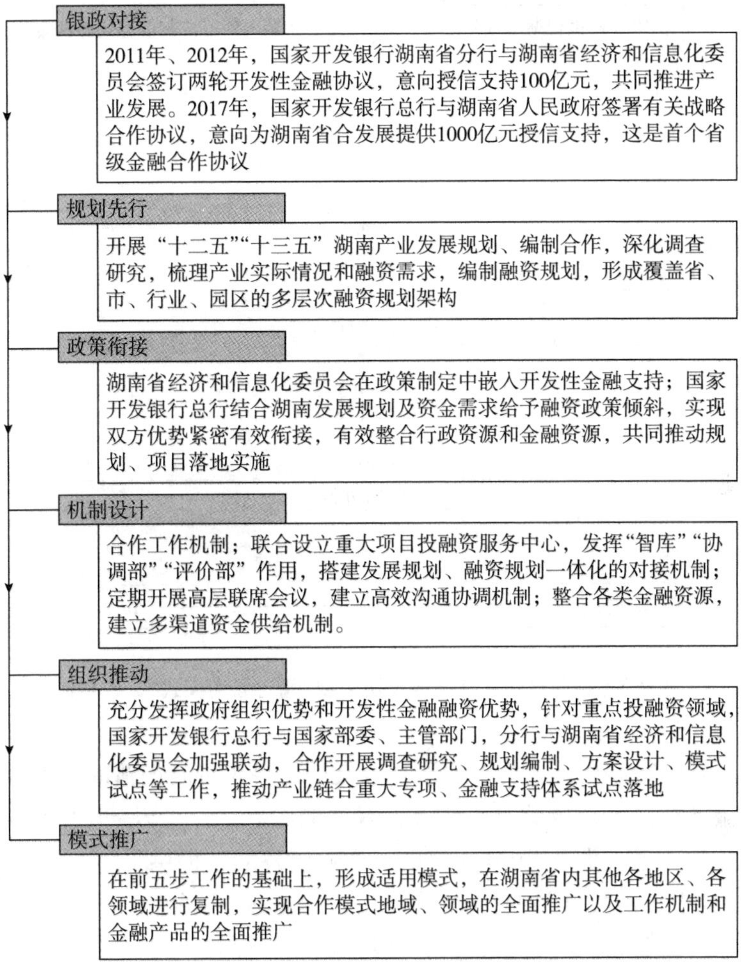

银政对接

2011年、2012年，国家开发银行湖南省分行与湖南省经济和信息化委员会签订两轮开发性金融协议，意向授信支持100亿元，共同推进产业发展。2017年，国家开发银行总行与湖南省人民政府签署有关战略合作协议，意向为湖南省合发展提供1000亿元授信支持，这是首个省级金融合作协议

规划先行

开展"十二五""十三五"湖南产业发展规划、编制合作，深化调查研究，梳理产业实际情况和融资需求，编制融资规划，形成覆盖省、市、行业、园区的多层次融资规划架构

政策衔接

湖南省经济和信息化委员会在政策制定中嵌入开发性金融支持；国家开发银行总行结合湖南发展规划及资金需求给予融资政策倾斜，实现双方优势紧密有效衔接，有效整合行政资源和金融资源，共同推动规划、项目落地实施

机制设计

合作工作机制；联合设立重大项目投融资服务中心，发挥"智库""协调部""评价部"作用，搭建发展规划、融资规划一体化的对接机制；定期开展高层联席会议，建立高效沟通协调机制；整合各类金融资源，建立多渠道资金供给机制。

组织推动

充分发挥政府组织优势和开发性金融融资优势，针对重点投融资领域，国家开发银行总行与国家部委、主管部门，分行与湖南省经济和信息化委员会加强联动，合作开展调查研究、规划编制、方案设计、模式试点等工作，推动产业链重大专项、金融支持体系试点落地

模式推广

在前五步工作的基础上，形成适用模式，在湖南省内其他各地区、各领域进行复制，实现合作模式地域、领域的全面推广以及工作机制和金融产品的全面推广

图 8-1 银政合作支持协同创新的"湖南模式"实施路径

资料来源：国家开发银行湖南省分行，湖南省经济和信息化委员会。

国家开发银行湖南省分行探索了银政合作支持高科技协同创新的"湖南模式"，工作机制如图8-2所示。国家开发银行湖南省分行与湖南省经济和信息化委员会联合组建投融资服务中心，筛选优质项目，降低投资方与融资方的信息不对称，共同联审湖南省重大项目库。该项目库由湖南省经济和信息化委员会和国家开发银行湖南省分行根据发展规划与融资规划一体化的对接机制共同编制，由高层联席会议机制沟通推动。国家开发银行通过先行授信发放引导其他金融机构进入，形成多元化的资金供给机制，对湖南省高科技协同创新重大项目进行金融支持。

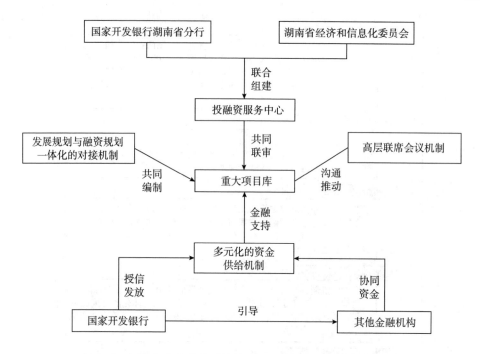

图8-2 银政合作支持高科技协同创新的"湖南模式"工作机制

国家开发银行湖南省分行在探索金融支持高科技协同创新的重大专项、产业链、金融服务体系等领域试点，取得了有益的经验。一是以"重点选定—规划合作—银政协同—系统推进"方式支持航空产业链发展，提供了"专项资金+专项建设资金+开放中长期贷款"的组合资金支持。二是以"联合调研—设计模式—落实资金—有序推进"方式支持科技重大专项，设计了覆盖"科技成果转化+工程化产业化+装备采购"等科技成果转化全流程的融资模式，支持科研院校与在湘企业科技协同创新。三是以"投+贷+债+租+证"为主体构建"间接融资+直接融资"的金融支持体系，引导国家集成电路基金等开发性基金与湖南省政府性基金协同，引导社会资本投资高科技协同创新项目和相关企业。政策性银行为高科技协同创新重点企业提供长期优惠贷款，对科技型中小微企业探索建立"国家开发银行+商业银行"的政策性低成本资金批发转贷机制；发挥政策性银行的证券和金融租赁功能，为高科技协同创新的企业提供上市融资、发行债券、资产证券化、资产回租等服务。

开发性金融支持高科技协同创新的"湖南模式"实现了政府、银行和企业的多赢。国家开发银行用市场的办法实现了政府意志，降低了银行的开发管理成本，高科技协同创新企业获得了较好的金融支持，创造了较好的市场效益。

二、金融服务平台中介支持高科技协同创新的典型案例

为高科技协同创新提供金融服务的平台和中介大致可以分为三类：第一类是商业化的金融中介与金融市场，包括商业银行、担保公司、投资银行等非银行金融中介等；第二类是带有政策性金融背景的金融中介，如具有政府支持的综合化金融服务集团、担保公司等；第三类是新型的商业化综合服务集团，包括互联网金融等新型的金融服务中介。中关村创新产业平台属于上述第二种类型。

中关村创新产业平台以建设共享经济创新创业服务生态系统为核心理念，专注于科技领域的成果转化、技术转移以及科技创新服务等内容，实现"5181"计划，即5年服务1000个项目，助力80%的入孵企业进入资本市场，打造1000亿元市值产业集群，成为具有全国示范效应的创新服务平台。

中关村创新产业平台提出以服务为抓手，创新企业孵化模式，即提供金融服务，做企业融资的"好帮手"，有效解决企业资金难题。平台通过开展金融机构与高科技协同创新企业的合作对接会、品牌路演活动、贴身服务了解企业经营状况和融资需求后向有关金融机构精准推介企业项目等方式，提供金融服务。具体金融支持方式包括金融服务平台提供资金对企业进行股权投资、为企业知识产权融资提供担保、发行企业成长债、为企业融资提供财务服务等。图8-3展示了中关村创新产业平台通过对园区企业的知识产权和股权进行评估，通过担保公司为园区企业的知识产权和股权质押借款提供兜底担保，由担保公司向合作银行出具担保，进而为企业获得融资支持。

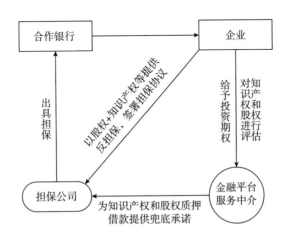

图8-3 金融服务中介支持高科技协同创新企业的实施路径

第四节　金融支持高科技协同创新的对策建议

一、构建以开发性金融为引领、社会资本为主体的高科技协同创新金融支持体系

第一，建议在高科技资源协同创新密集区域，率先建立专门面向高科技协同创新的全国性政策性金融机构，打破科技金融资源配置区域分割、部门分散的局面，为全国高科技协同创新提供更有效率的金融支持。

第二，充分利用现有政策性银行优势，以开发性金融为引领，带动以盈利为主的商业银行和民间资本形成对高科技协同创新的体系化金融支持。对于难以短时间产生直接市场利润、难以通过市场手段获得间接融资的高科技协同创新重大项目与工程，可以探索通过国家开发银行这类政策性银行获得部分间接融资，充分发挥开放性金融的中长期投融资优势和政府的组织协调优势。国家开发银行这类政策性银行具有保密资质，能在一定程度上掌握高科技协同创新中敏感项目信息，进而在一定程度上解决金融机构和企业的信息不对称问题。政策性银行的项目选择也向商业银行等其他金融机构发出积极信号，鼓励并引导社会资本给予高科技协同创新企业融资支持，最终形成以开发性金融为引领，以商业银行、担保公司、互联网金融等社会资本为主体的规模化、网络化、集聚化的金融支持体系。

第三，积极培育和发展为高科技协同创新中小型企业提供服务的金融机构。推动服务高科技协同创新的科技支行、小额贷款公司和互联网金融机构发展，为它们提供资本市场准入便利和项目融资利息优惠等措施。

二、发展各类金融服务平台中介

第一，支持各类区域性金融服务平台建设。探索构建"股权+债权"相结合的融资模式，鼓励知识产权融资、天使/VC、PE/并购基金投资、贷款担保、融资租赁、资产证券化等多种融资路径，探索发行直投基金和高科技协同创新成长债，实现企业和平台共赢发展。

第二，支持服务高科技协同创新的科技支行建设，鼓励科技支行探索知识产权质押贷款、股权质押贷款、信用保险和贸易融资、科技保险、产业链和供应链金融等新型融资服务。例如，四川绵阳的科技支行为高科技企业量身提供技改贷款、企业补贴贷款、订单融资等金融创新产品和服务。

第三，发展多层次、多类型的科技担保市场。支持发展服务高科技协同创新的中小企业信用担保机构，鼓励地方政府、金融机构和高科技协同创新企业共同出资组建信用担保公司，建立和完善信用担保的配套服务体系。四是支持服务高科技协同创新的小额贷款公司发展。借鉴我国科技小额贷款公司的"江苏模式"[1]，对服务高科技协同创新的小额贷款公司适当放宽举债上限，合理提高杠杆率，增加其融资供应能力。同时，制定并落实相关营业税和所得税优惠政策。

三、拓宽高科技协同创新中小企业多元化融资渠道

高科技协同创新中小企业在成长过程中的不同阶段，它的融资条件、额度、融资标的需求不尽相同。因此，需要构建多层次的资本市场，创新金融供给形式，拓宽高科技协同创新中小企业多元化融资渠道。

第一，鼓励高科技协同创新中小企业上市融资。金融支持的范围包括从创业投资支持中小企业在股权交易代办系统挂牌并进行股份公开转让（新三板），到首次公开发行股票，进而转入中小板或创业板。

第二，鼓励设立创业投资引导基金、科技企业孵化"种子基金"、科技小巨人企业成长计划等，促进初创期高科技协同创新中小企业发展。

第三，发展适合高科技协同创新中小企业的科技保险产品和服务。建议结合地域、行业特点采用分类定率、总额控制和逐批递减等手段对企业进行合理财政补贴，同时鼓励协同创新企业结合自身特点采取"担保型""半参与型""全参与型"等多种科技保险服务模式。

第四，推动高科技协同创新中小企业融资租赁发展。科技型中小企业一般具有轻资产、重研发的特点，而融资租赁方式灵活多样，对企业信用要求较低，采取融资租赁可以优化财务结构，缩短项目建设周期，降低融资成本。

---

① 贾康，等.我国科技金融服务体系研究（上）：建设科技型中小企业金融服务体系的政策优化[M].北京：经济科学出版社，2015.

本章小结

　　金融支持是高科技协同创新的触发器和加速器。本章从保密特性、金融市场供给、中小微企业融资等方面分析金融支持高科技协同创新的主要问题，以开发性金融支持高科技协同创新的"湖南模式"和以金融服务平台中介支持高科技协同创新为典型案例，分析以政策性为主的金融机构和以盈利性为主的社会资本在为高科技协同创新提供金融支持中的主要做法和经验借鉴。最后，从构建以开发性金融为引领、以社会资本为主体的高科技协同创新金融支持体系，发展各类金融服务平台中介，拓宽高科技协同创新中小企业多元化融资渠道三方面提出对策建议。

第九章
高科技协同创新的新型举国体制保障

举国体制在我国发展不同阶段呈现不同的形式，也将承担不同的历史使命、发挥不同的历史作用。举国体制并非计划经济所独有，而是一项组织体系的制度安排，属于政治体制，并且是社会主义制度的独特优势所在。中华人民共和国成立以来形成的举国体制具有历史的连续性，而在市场经济条件下新型举国体制又具有创新性和时代特点。

第一节　传统举国体制与新型举国体制辨析

一、传统举国体制下高科技协同创新的主要成绩和存在的问题

中华人民共和国成立时，中国共产党直接面对的是"一穷二白"的状况。1954年6月，毛泽东曾忧虑地说："现在我们能造什么？能造桌子椅子，能造茶碗茶壶，能种粮食，还能磨成面粉，还能造纸，但是，一辆汽车、一架飞机、一辆坦克、一辆拖拉机都不能造。"为了迅速改变中华人民共和国成立初期"一穷二白"的状况，我国逐步形成了集中力量办大事的独具特色的举国体制。最突出的成就是在"一五"计划期间，我国实施以"156项工程"为核心的694个大中型建设项目，并在此基础上建立了独立的、比较完整的工业体系和国民经济体系，取得了"两弹一星"等重大科技成果。

举国体制的特点主要表现在以下方面：一是管理体制上坚持中国共产党的集中统一领导，最大程度发挥中国共产党的统筹协调和整合作用。在党的坚强领导下，成立高级别的专门协调机构具体统筹协调。"东西南北中，党是领导一切

的。""两弹一星"是举国体制下科技协同创新取得辉煌胜利的典型案例。1961年，中共中央作出《关于加强原子能工业建设若干问题的决定》，指出："为了自力更生突破原子能技术，加强我国原子能工业建设，中央认为有必要进一步缩短战线、集中力量，加强各有关方面对原子能工业建设的支援。"1962年11月3日，针对第二机械部(二机部)提出的争取在1964年，最迟在1965年上半年爆炸我国第一颗原子弹的规划的报告("两年规划")，毛泽东指示："要大力协同做好这件工作。"①为此，中央成立专门领导与协调原子弹的组织机构，"专门针对原子弹而成立的高层次领导协调性机构有三个，分别是先后成立的三人领导小组、国防工业办公室和中央十五人专门委员会(以下简称中央专委)。除此之外，统管全国国防科技工作的国防科学技术委员会、中央军委直接领导的国防工业委员会、中央军委直接领导的国防工业委员会也在原子弹的研制过程中起了较大作用。直接管理并组织领导该项工作的是二机部(最初成立时为第三机械部)"②。特别指出的是，中央专委发挥了重要统筹协调作用。1962年11月，一个最高层次的协调领导机构即中央专委成立。中央专委下设办公室，附设在国务院国防工业办公室内作为日常办事机构。1965年"中央十五人专门委员会"改称"中央专门委员会"，并将导弹和人造卫星统一纳入"中央专门委员会"领导范围之内。该机构从成立到第一颗原子弹爆炸成功，共组织召开会议13次，高效组织协同、讨论解决重大问题100多个。

二是运行机制上坚持高度集中的行政指令配置资源，坚持全国一盘棋，在特定条件下和一定时限内，集中全国的资源和力量，向既定的战略目标领域集中整合或调配，从而完成重大战略任务或解决急迫科技课题，具有集中力量办大事的显著优势。在人员配置上通过行政指令从全国各地的各部门、各单位进行选拔抽调大批政治合格、专业素质高的科研技术骨干和行政中坚力量。每年应届毕业生分配时，优先满足国防科研、国防工业方面的人员需求。1961年7月，中共中央决定从全国抽调技术骨干、高级医务人员、行政干部参加核工业建设。中央专委成立后，在第一次和第二次会议上，周恩来命令各部门、高校、单位在1962年底之前选调500人以加强核工业的薄弱环节。其中，科技干部197名、大学生216名、党政干部25名、医务干部29人。③ 1960年底，在二机部科学技术系统工作的人数达6500人，其中科技人员3300人④，同期全国从事科学研究工作的

① 王素莉. "两弹一星"的战略决策与历史经验［J］. 中共党史研究，2001（4）：55-59.
②③ 刘戟锋，刘艳琼，谢海燕. 两弹一星工程与大科学［M］. 济南：山东教育出版社，2004.
④ 《当代中国》丛书编辑部. 当代中国的核工业［M］. 北京：中国社会科学出版社，1987.

人数为 9 万人①，二机部的科研人员占全国的 3.7%。到 1965 年底，二机部科学技术系统的工作人员已超过 21000 人，其中科技人员 14000 余人②。在财务调配和后勤保障上，原总后勤部特种物资计划部负责统管全国特种工程物资需要的计划、申请和分配。全国形成了一个顺畅的体制性物资工业网，"两弹一星"所需要的仪器仪表、专用设备、特殊材料得到优先满足。二十六个部委、二十多个省区市、一千多家单位的科技人员大力协同，表现出社会主义政治优势在攻克尖端科技难关方面的伟大力量。③

精神文化上倡导爱国主义、集体主义精神，强调服从大局，无私奉献。传统举国体制下，集中体现为"两弹一星"精神，即"热爱祖国、无私奉献，自力更生、艰苦奋斗，大力协同、勇于登攀"。他们中的许多人都在国外学有所成，拥有较为优越的科研和生活条件，但为了投身我国的建设事业，冲破重重障碍和阻力，毅然回到祖国。几十年中，他们为了祖国和人民的最高利益，隐姓埋名，艰苦奋斗，以崇高的爱国主义精神、集体主义精神为"两弹一星"事业做出卓越贡献。

传统举国体制在取得显著成效的同时，也存在一些不足。比如，它过于依靠政府力量调配资源，其主要目标是把产品造出来，实现从无到有的突破，而几乎不考虑市场盈利能力和市场竞争力。这种体制安排在产品层面的创新容易成功，但也导致在一些领域内形成了组织严密、管理僵硬、链条分割的封闭系统，对市场需求和变化不够敏感，加剧了科技与经济的脱节④。此外，科技举国体制也面临项目探索失败的风险。1970 年，日本开始研究高清晰模拟电视系统，但最后在与数字电视的竞争中败北。1971 年，美国实施的攻克癌症计划耗资上百亿美元最后以项目失败告终。⑤ 这种风险除了巨额投入无回报的经费损失，更为严重的是延误了国家的科技发展进程。

随着改革开放深入推进，社会主义市场经济下的科技创新不能完全照搬计划经济下的举国体制，不能再沿用传统举国体制不计成本的资源配置方式，亟须探索建立市场经济条件下的新型举国体制。

①　国家统计局科技统计司.中国科学技术四十年［M］.北京：中国统计出版社，1990.
②　马建光."两弹一星"科技精英成才规律探析［J］.高等教育研究学报，2002（4）：70.
③　王素莉."两弹一星"的战略决策与历史经验［J］.中共党史研究，2001（4）：55-59.
④　睦纪刚，文皓.制度优势结合市场机制探索构建新型举国体制［N］.科技日报，2019-12-06（7）.
⑤　钟书华.论科技举国体制［J］.科学学研究，2009（12）：1785-1792.

二、新型举国体制的内涵及特点

党的十九届四中全会指出，我国国家制度和国家治理体系具有多方面的显著优势，可概括为"十三个坚持"，其中之一就是"坚持全国一盘棋，调动各方面积极性，集中力量办大事的显著优势"，并提出要"完善科技创新体制机制。弘扬科学精神和工匠精神，加快建设创新型国家，强化国家战略科技力量，健全国家实验室体系，构建社会主义市场经济条件下关键核心技术攻关新型举国体制"。

有学者提出，新型举国体制是以国家发展和国家安全为最高目标，科学统筹、集中力量、优化机制、协同攻关，以现代化重大创新工程聚焦国家战略制高点，着力提升我国综合竞争力、保障实现国家安全的创新发展体制安排[1]。新型举国体制是将我国政治制度优势与市场机制作用结合起来的国家治理变革，其显著特征在于正确处理政府和市场关系，两者不是非此即彼的对立关系，而是相互依存、互为补充，寻求更高效的科技创新组织方式（睦纪刚和文皓，2019）。新型举国体制以实现国家发展和国家安全为最高目标，以科学统筹、集中力量、优化机制、协同攻关为基本方针，以现代化重大创新工程为战略抓手，以创新发展的体制安排为核心实质，具有鲜明的政治优势、竞争优势、协同优势和战略优势（何虎生，2019）。依托政府部门搭建的行业领域公共服务平台和出台的相关政策与法律制度，完善相关运行机制，促进产业链上下游各环节、生态圈各利益相关者针对面向关键需求和明显短板的重大技术问题，共同开展竞争性的技术研发攻关，增强基础研究、应用研究、开发研究等技术创新链各环节的产学研合作的广度和深度，并通过"去劣存良"的第三方评估，推动利益相关者为共同目标进行动态性、适时性的调控整合和多元协调，最终形成新型生态环境中互补合作、共生共赢、有序竞争的创新模式。新型举国体制"新"在从以行政配置资源为主转变为以市场配置资源为主，从产品导向转变为商品导向，从注重目标实现转变为注重目标实现与注重效益并重（林建华和李攀，2019）；体现在市场经济、全球化、数字文明三个"新"的结合上，使中国国家治理进入精细化治理新阶段（谢茂松，2019）。

综合上述观点，我们提出新型举国体制是在社会主义市场经济条件下，以国家安全和发展为最高目标，以事关国家战略全局的大科学、大工程为抓手，发挥市场在资源配置中的决定性作用和更好地发挥政府作用，从管理体制、运行机制、法律法规上协同配套保障实现国家战略目标的体制安排。在管理体制上，形

---

[1] 林建华，李攀. 新型举国体制"新"在何处［N］. 北京日报，2019-07-23（6）.

成中央和地方纵向到底，各部门横向到边、相互协调的管理体系，突出新型举国体制集中力量办大事的动员优势和协调各方的协同优势。在运行机制上，形成层次分明、协同高效的基础类、核心类和保障类运行机制。在法律法规上，逐步形成层次清晰、衔接配套、操作性强的法律法规体系。

三、传统举国体制与新型举国体制不同之处

举国体制在我国发展的不同阶段会呈现不同的形式，也将承担不同的历史使命、发挥不同的历史作用，因此要探索建立新型举国体制。中华人民共和国成立以来形成的举国体制具有历史的连续性，而在市场经济条件下又具有创新性和时代特点。有学者从政府作用、项目组织、项目性质三方面分析新型举国体制与传统举国体制的不同之处，如表9-1所示。

表9-1 新型举国体制与传统举国体制的比较

类别	具体内容	传统举国体制	新型举国体制
政府作用	与市场的关系	政府替代市场	发挥市场的决定性作用，更好发挥政府作用
	资源配置手段	行政指令	契约合同
	参与方式	直接管理	引导协调
项目组织	项目立项	国家利益	公共利益（多因素）
	机制设计	计划机制	市场机制
	资金来源	全部政府出资	政府、社会多渠道融资
	管理系统	一次性	常态化的管理体系
	成果转化	几乎不转化	注重成果军民双向转化应用
项目性质	目标导向	政治导向	市场导向
	经济效益	很少有直接经济效益	较多直接经济效益
	项目任务	固定单一	动态群体
	项目用户	政府	政府、企业、个人等

资料来源：李哲，苏楠. 社会主义市场经济条件下科技创新的新型举国体制研究［J］. 中国科技论坛，2014（4）：5-10.

新型举国体制与传统举国体制的最大区别就在于前者是在社会主义市场经济条件下，市场和政府作用定位与后者不同，由此决定了两者在资源配置方式、目标导向、机制设计、资金来源等方面存在差异。社会主义市场经济条件下的新型举国体制是将我国政治制度优势与市场机制作用互动协同起来的国家治理新变革，必将使举国体制在新时代发挥出更强大的创新效能。

第二节　新型举国体制推动高科技协同创新发展

2014 年，习近平总书记在中国科学院第十七次院士大会、中国工程院第十二次院士大会上的讲话中指出："推进科技体制改革的过程中，我们要注意一个问题，就是我国社会主义制度能够集中力量办大事是我们成就事业的重要法宝。我国很多重大科技成果都是依靠这个法宝搞出来的，千万不能丢了！要让市场在资源配置中起决定性作用，同时要更好发挥政府作用，加强统筹协调，大力开展协同创新，集中力量办大事，抓重大、抓尖端、抓基本，形成推进自主创新的强大合力。"科技领域的新型举国体制涉及跨部门、跨行业、跨区域科技创新主体间的大协作，必然要求走高科技协同创新道路。

目前，新型举国体制下的高科技协同创新还存在顶层设计和宏观统筹不够，存在隐形壁垒，需求信息发布渠道窄，高科技协同创新商业生态有待更好的完善等问题。产品造出来以后，获得应用生态支持也至关重要。中美经贸摩擦过程中，美方对我国技术封锁，使我国高度依赖芯片进口的企业陷入被动局面。目前，中国"芯"还没有成为主流，很重要的原因就是尚未很好地建立商业支持生态系统。因此，需要我国在高科技协同创新过程中进行一体化设计、一体化布局、一体化应用。健全高科技协同创新管理机制、运行机制和法律法规是着力点，以下从这三个方面着重进行分析。

一、管理体制

有学者提出，科技协同创新的组织体制应包括政府、国家实验室、科研院所、大学及其附属研究机构、产业界及其研发中心、中介组织，它们共同构成一个以中介组织为中心的"六边形"网络。其中，政府部门除了包括工信部、科技部、教育部、国家自然科学基金委员会等，也包括各省、市政府；国家实验室则是指国家各部委或地方政府管辖下的各类研究机构；科研院所相当于国家实验室，只是在功能定位、保密规定、管理要求等方面较为独特；高校不再区分中央和地方院校，只要它们有能力、有条件，都可以平等参与科研项目的竞争；企业也不再区分国有企业和民营企业，所有企业都作为平等的市场主体参与研发生产。要发挥好中央和地方领导机构的权威作用，对科技创新等进行统一领导管理，从根本上破除各自为政的局面。科技协同创新的组织管理体系包括宏观层面的政策制定机构，其是从整体进行统筹规划的组织，以中央和地方政府为主；中观层面的供需双方，其受宏观层面的监督和管理，是进行技术输入与输出和再创新的主体；微观层面的组织管理体系，其是具体执行科技协同创新的组织，对科技创新工作进行任务分解，为科技创新活动的顺畅进行提供信息、技术等服务；从上至下的科技协同创新组织管理系统，其内部遵循宏观政策和具体实施办法的引导、激励和约束，形成完备的系统，并受到政策、法律和技术环境的影响（何培育和王潇睿，2019）。建议参考美国在国家部级层次设立国防技术与工业基础委员会涵盖国防部、能源部、商务部和劳工部的做法，在国务院和中央军委层面共同成立一个协调科技创新的领导管理机构，从最高层解决科技体系中各自为政、分散管理和不相融合的问题（李璐和梁星，2019）。

我国高科技协同创新管理和领导体制逐步完善。2023年印发的《党和国家机构改革方案》提出组建新的中央科技委员会，主要研究审议国家科技发展重大战略、重大规划、重大政策，统筹解决科技领域战略性、方向性、全局性重大问题。同时，不再保留中央国家实验室建设领导小组、国家科技领导小组、国家科技体制改革和创新体系领导小组、国家中长期科技发展规划工作领导小组及其办公室。涉及战略性、方向性的重大科技创新问题，党中央通过中央科技委员会召开会议，协调推进跨部门、跨系统、跨领域的科技创新。

虽然初步形成中央科技委员会统一领导、统筹决策和综合协调管理制度，但是相衔接配套的机构设置还需要进一步理顺。特别是涉及高科技协同创新、信息互联互通、平台共建共享、竞争性采购、金融财税支持等方面，主体、权利、范围和责任尚未明确，财税支持、知识产权转化等方面缺乏具体可操作措施，距离纵向贯通、横向协调、顺畅高效的管理体制还存在较大差距。

在新型举国体制的背景下完善高科技协同创新体制，要建立健全统一领导、开放协同、顺畅高效的高科技协调创新组织管理体系。在顶层设计上，中央科技委员会作为最高议事和决策机构，为保障重大决策贯彻落实，可参考借鉴"两弹一星"研发过程中中央专委的职能使命进行设计。

在中层，要协调国家发展改革委、科技部、工信部、数据局等涉及科技发展与管理的部门之间的关系。可借鉴国家重大项目管理经验，成立高科技协同创新专项办公室，统筹全国科技创新资源，开展重大专项和核心关键技术协同攻关。

在底层，加快国家实验室体系建设，提升我国战略安全领域核心竞争力。发挥中国科学院等的重大科技基础设施集聚、学科门类齐全、领域交叉融合等综合集成优势，稳定支持一批肩负国家使命的科研团队。形成以科技重大项目和工程为牵引，以国家重点实验室、高校、企业为支撑，以国家高科技协同创新各类平台、示范园区、关键核心技术领域产业联盟、新型研发机构、中介等为保障的网络创新体系。探索将高科技协同创新作为综合改革示范区域，鼓励先行先试，大胆探索，通过制定科技中长期发展规划、统筹布局高科技协同创新平台、实施协同创新专项计划等探索形成可复制的经验。

二、运行机制

运行机制是指高科技协同创新各主体之间相互关联、相互作用的运行制度和工作方式。李哲和苏楠（2014）结合国内外的经验分析，从项目决策机制、项目责任机制、研发组织机制、利益分配机制、预算与成本控制机制、绩效评价机制、进入与退出机制、政策激励等方面提出了实施举国体制应关注的制度框架。黄涛（2018）提出，构建新型科技创新举国体制需要建立国家高层次科技宏观决策机制、跨领域横向协调机制、科学家参与决策机制、官产学研联合研究机制，完善合同约束机制、项目责任机制、成本控制机制、绩效评价机制、融资机制、政府采购制度、风险防范机制等。

乔玉婷等（2019）从基础类、核心类和保障类三个层次提出了新型举国体制推动高科技协同创新发展的运行机制体系。基础类是指构建新型举国体制推动高科技协同创新发展所必须具备的运行机制，核心类是指构建新型举国体制推动高科技协同创新发展所需的关键与核心运行机制，保障类是支撑新型举国体制推动高科技协同创新发展的各类运行机制，如图9-1所示。

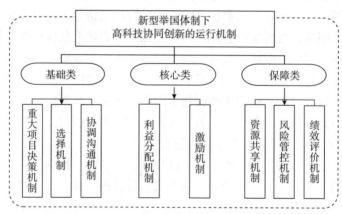

图9-1 新型举国体制下高科技协同创新的运行机制

（一）基础类运行机制

1. 重大项目决策机制

重大项目决策机制的一个重要目标就是明确新型举国体制下高科技协同创新

的范围。统筹经济建设和国防建设，立足国家重大战略需求，基于技术成熟度、经济社会效益等开展综合论证的重大任务的提出，要对国内外科技发展趋势与竞争态势、专利与技术标准的布局、不同技术路线的优劣、技术经济性进行具体分析和判断，综合权衡科技、产业、金融、社会各领域的支撑条件，听取各方观点并权衡利弊，最终提出事关国家安全、长远目标的战略性科技创新项目或工程重大决策，并形成良性评价反馈闭环。

2. 选择机制

选择机制是高科技协同创新依据一定标准确定协同伙伴进入的原则、条件和流程等，以及在一定条件下的退出机制。国外研究侧重从任务导向因素和关系导向因素两方面展开。其中，任务导向因素包括战略互补、技术与资源互补、伙伴间运营政策兼容、管理团队兼容、相对规模等；关系导向因素包括相互依赖、潜在的沟通障碍、信任与承诺问题等[①]。高科技协同创新伙伴的选择标准应从服务国家战略需求、各方的信任度、技术和资源的互补性、文化兼容性、合作意愿等方面确立综合指标体系，具体评估方法包括模糊多标准决策法、网络分析法、探索性因子分析法、遗传算法等。

第三，协调沟通机制。新型举国体制推动高科技协同创新过程涉及多元协同创新主体。既包括体现国家意志、服务国家需求、代表国家水平的国家战略科技力量，也涵盖专精特新的中小企业和各类创新组织。这些机构、企业的管理体制、运行机制、组织文化各不相同，难免存在信息沟通不畅、协调不到位等问题。协调沟通机制是解决上述的矛盾和冲突的重要途径。协调沟通机制主要包括战略协调、利益协调、业务协调三个不同层面。战略层面的协调沟通主要解决新型举国体制实现关键技术攻关和协同创新的战略设计、战略布局和战略路径选择等问题。利益层面的协调沟通主要解决知识产权归属、社会效益评价、经济利益分配等问题。业务协调层面的协调沟通主要解决人员和信息交流、技术协同、项目推进等问题。

(二) 核心类运行机制

1. 利益分配机制

科学的利益分配机制是高科技协同创新顺利运行的关键。利益分配机制要分析高科技协同创新主体在不同风险偏好和约束条件下如何选择适合的收益分配和知识产权分配方式。高科技协同创新中存在核心主体与外围主体。在不确定环境下

---

① 李柏洲，罗小芳．企业原始创新中学研合作伙伴的选择：基于影响因素及其作用路径视角的分析 [J]．科学学研究，2013（3）：437-445.

不平等的协作关系中，强势核心主体往往凭借自身实力获得较高收益份额，而当弱势一般主体利益得不到保障时，高科技协同创新同样难以为继。基于 TOPSIS 的动态利益分配模型提出的利益分配方案离正理想值最小或离负理想值最大得到综合利益分配方案，该方法为高科技协同创新中各主体合作共生提供另一种思路。

2. 激励机制

（1）成果双向转化激励。参考美国的《拜杜法案》，适度调整我国科技成果的产权归属和转化收益分配，根据科技成果不同性质采取差异化转化管理政策。出台科研人员创新激励政策，如提高科研项目研究费用中间接费用比例，落实职务发明奖酬和成果转化收益分配制度等。理顺科技成果向战斗力转化的激励机制。

（2）对高科技协同创新主体进行激励。借鉴美国小企业创新计划（SBIR）和小企业转移计划（STTR）的成功经验，把扶持中小企业创新活动纳入高科技协同创新视野。同时，发挥新型研发机构在协同创新中的作用。美国先后设立 DARPA 和 DIU 等机构，通过采办模式的机制创新与科技界和商业界建立密切的联系，以国家科技需求为牵引，主动发现、辨识和培育具有较大应用潜力的民用技术，为前沿技术孵化和向战斗力转化提供重要渠道。以创新院、快响小组为基础，在国家科技创新密集区设立分支机构，定向定点投放改革措施和办法先行先试，探索形成从前沿技术孵化到转化应用再到成果推广转化的一体化、全链条高科技协同创新机制。平衡国家使命与个人获得感，兼顾各方利益分配和诉求，尊重人的创造价值，激发各类主体和人才的积极性、主动性和创造性，使科研人员在推进国家科技进步中实现人生价值。

（3）完善配套激励政策。对于采取新型举国体制实施的重大科技项目，要从财政、税收、金融、科技奖励等方面进行系统的激励设计，从基础设施、商业模式、技术标准等方面协调推进，形成对高科技协同创新主体的明确市场信号和市场预期。

（三）保障类运行机制

1. 资源共享机制

以新型举国体制推动高科技协同创新的制度安排要求通过政府力量和市场力量协同发力，实现"有效政府+有为市场"结合，凝聚和集成国家战略科技力量、社会资源解决关键核心技术和重大科技难题。共享资源包括政策信息、仪器设备、研发数据、共同知识、人才资源、金融服务等。资源共享机制中高科技协同创新主体共享内容和程度与内部信任程度、协调沟通程度和利益分配等密切相关。可探索打破部门壁垒，国有事业单位、国有企业之间共享仪器设备、实验数据等创新资源，鼓励社会创新资源间的共享。积极发展以大数据、物联网和云计算为代表的智能技术，以技术实现数据资源的共享。

2. 风险管控机制

高科技协同创新面临的风险主要包括关系风险和运行风险两大类①。前者是协同创新主体由于合作带来的风险，后者指影响协同运行绩效的内外部因素所导致的风险，也有学者称为合作风险和绩效风险②，高科技协同创新各主体对未来可能面临风险的主观评价将影响联盟模式的选择，资源投入种类和权重是影响管理者对联盟风险主观评价的重要因素③。从资源维度的资产资源、知识资源、组织资源和风险维度的关系风险、运行风险所构成的六象限探讨联盟风险控制问题④。此外，有学者通过定性和定量综合集成构建风险识别模型，构建数据包络分析和人工神经网络方法等进行风险评估，分析高科技协同创新的技术风险、市场风险、资金风险和法律风险等问题。

3. 绩效评价机制

绩效评价机制使高科技协同创新运行机制形成重要反馈闭环，通过第三方评估"去劣存良"，推动利益相关者为共同目标进行动态性、适时性的调控整合和多元协调，是选择退出、利益分配的重要参考依据。以新型举国体制推动跨部门、跨区域的高科技协同创新，绩效评价体系主要涉及三个方面：指标的选取、权重和测度方法。绩效评价指标选取要综合考虑服务国家战略需求、社会综合效益、经济效益（投入产出比）、参与协同创新各方的沟通协作水平、风险管理等指标。权重方面要更加突出强调服务国家战略急需能力建设、经济社会长期综合效益。要构建起政府、国家战略科技力量、社会组织、企业、投融资机构等共同参与的多元评价体系，进一步清晰责任主体，完善责任清单。

三、法律法规

近年来，世界主要国家大都通过构建科技创新体系，依托科技创新法律制度，建立充满活力的科技协同创新机制，运用国家强制力保障和促进本国科技创新发展。加强科技创新战略规划与法制保障，成为世界主要国家采取的共同发展模式。

---

① Das T K, Teng B S. Resource and Risk Management in the Strategic Alliance Making Process [J]. Journal of Management , 1998(24)：21-42.

② Ring P S, Van De Ven A H. Developmental Processes of Cooperative Interorganizational Relationships [J]. Academy of Management Review, 1994,19(1)：90-118.

③ 刘益，李垣，杜旖丁，等. 战略联盟模式选择的分析框架：资源、风险与结构模式间关系的概念模型 [J]. 管理工程学报，2004(3)：33-37.

④ 王凤彬，刘松博. 战略联盟的风险及其控制：一种基于资源观的分析 [J]. 管理评论，2005(6)：50-55.

从立法形式和内容来看，以美国为代表的西方国防工业和民用科技发达国家起步较早，已经构建起较为完备的科技创新法制保障体系，在国家层面出台了综合性或者统领性的科技发展基本法，对科技协同发展的基本原则、总体思路等作出了方向性的指引规定。例如，美国出台的《拜杜法案》《莫雷尔法案》《专利法案》，基本形成了完备的科技协同创新法规体系，保证了高科技协同创新良性发展。同时，还就科技发展的不同领域、各个环节出台具体法律规定，确保基本法的指导原则和基本制度等具有可操作性。协同创新不仅得到充分的法律支持，还一直得到美国政府和领导人的重视与认可。

从实施效果来看，国家相关法律制度为保障和促进科技协同创新发展提供了充足的法律依据，在统筹本国国防工业、民用科技融合发展以及增强本国军事、经济和科技实力等方面发挥了极为重要的作用。以美国为例，通过颁布《1986年联邦技术转让法》《1992年国防工业技术转轨、再投资和过渡法》等法律，加强对高科技两用技术的指导和投入，而国家战略性行业的产品一般都是两用产品，如波音707民航客机就是波音公司在B-52基础上改造成型的，这种发展模式既能较好体现国家意志和运用国家力量，也能较好地适应市场需求和市场规律，使两种力量、国家安全与经济效益两个目标较好结合起来。发达国家在高科技领域的协同创新做法给我国提供了参考与借鉴。

改革开放以来，在党中央坚强领导下，相关部门加大了科技创新政策法规立改废释力度，出台了一系列法律和政策，有力发挥了法规政策对科技创新发展的牵引、规范和保障作用，开创了科技创新的新局面。截止到2019年12月，我国的科技创新发展的法律法规，包括以科技进步法等综合性法律为龙头，以专利法、科学技术普及法、著作权法、商标法、反垄断法、政府采购法、招标法、保守国家秘密法等规范科技创新活动和交易活动相关的法律为骨干，以装备条例、装备科研条例、装备预研条例、装备采购条例、武器装备科研生产许可条例等配套法规、规章、政策为支撑的科技政策法规体系。

从规范对象来看，现有科技创新政策法规体系大致涉及科技创新活动综合性规范、科技创新主体规范以及科技创新活动行为规范三个方面、14个类别，分别为综合类、科技创新组织和人员类、科技创新活动类、知识产权和科技成果类、产业化类、法律救济类、科技中介和服务类、技术基础类、科技资源共享类、固定资产投资类、区域科技创新类、安全保密类、国际交流合作类、财经与价格类，如图9-2所示。

对于国家已经出台的关于科技创新的各类法律法规、政策文件，建议有关部门牵头组织全面、系统梳理，逐一研究明确贯彻落实的具体措施，推动构建完备的科技协同创新政策法规体系。

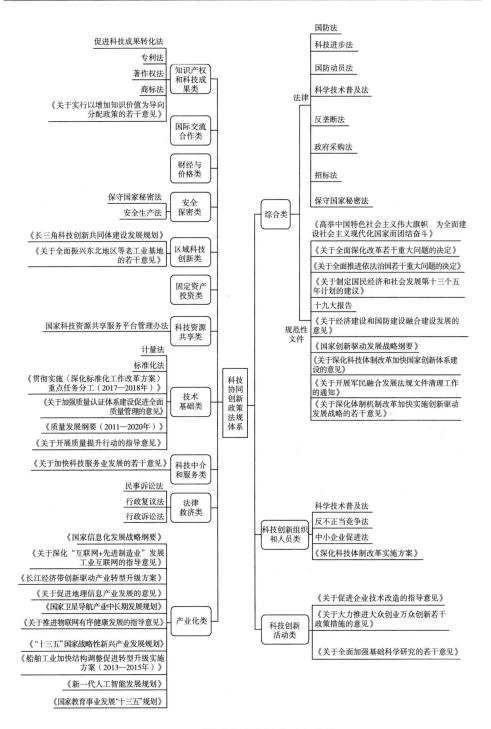

图 9-2　科技协同创新法律法规分类

第三节　典型案例

一、基本情况

在新型举国体制下，我国成功实施了载人航天及探月工程、北斗卫星导航系统（以下简称北斗系统）、高分辨率对地观测系统、天河超级计算机、"快舟"卫星发射系统、量子通信卫星等一批科技协同创新重大项目和工程。下面以北斗系统为例，分析新型举国体制下通过高科技协同创新推动北斗系统的发展。

北斗系统是着眼国家安全和经济社会发展需要，自主建设、独立运行的卫星导航系统，是为全球用户提供全天候、全天时、高精度的定位、导航和授时服务的国家重要空间基础设施。[①] 历史传承上，北斗系统与"两弹一星"工程的"一星"即人造卫星渊源深厚。1970 年第一颗人造卫星发射成功以后，通信卫星、气象卫星、定位导航卫星等就都进入决策层的视野。"七五"规划中提出了"新四星"计划，随后提出过单星、双星、三星、三到五颗星的区域性系统方案，以及多星的全球系统设想。1983 年，中国社会科学院院士陈芳允提出了双星定位方案，该提议因经济条件等种种因素被搁置。海湾战争中，GPS 在美军远距离作战中的成功应用使我国受到震动，研制属于中国自己的卫星定位导航系统就被紧急提上日程并立即启动，并逐步探索形成了"三步走"发展战略：2000 年底，建成北斗一号系统，向中国提供服务；2012 年底，建成北斗二号系统，向亚太地区提供服务；在 2022 年前后，建成北斗全球系统，向全球提供服务。

截至 2022 年 7 月，北斗系统可提供全球服务，北斗三号全球卫星导航系统的在轨运行服务卫星共 45 颗，包括 15 颗北斗二号卫星和 30 颗北斗三号卫星，北斗系统运行连续稳定，全球范围水平定位精度约 1.52 米，垂直定位精度约 2.64 米；测速精度优于 0.1 米/秒，授时精度优于 20 纳秒。进一步提升全球基本导航和区域短报文通信服务能力，并实现全球短报文通信、星基增强、国际搜

---

① 《中国北斗卫星导航系统》白皮书［EB/OL］.（2016-06-16）. http：//www.scio.gov.cn/zfbps/ndhf/34120/Document/1480602/1480602.htm。

救、精密单点定位等服务能力①。

二、主要做法

（一）管理机构

在管理机构上，卫星导航系统具有基础性、融合性的特征，其应用涉及多个政府部门。北斗系统的建设、运行和应用管理工作由多个部门共同参与。一是中国卫星导航系统委员会及中国卫星导航系统管理办公室归口管理北斗系统建设、应用推广与产业化、国际合作等有关工作②。中国卫星导航委员会成员来自国家部委、军队、科学院、科技集团等20余家机构，其为统筹用户需求、天地资源、研制队伍、政策标准提供制度保障。国家航天局负责卫星导航的运行组织，中国卫星导航定位应用管理中心和中国卫星导航系统管理办公室测试评估研究中心提供北斗用户支持并开展相关国际合作。在地方层面上，则是由各省份国防科工局引导和推动各省市卫星导航系统的发展。二是成立专家委员会和专家组，其中专家委员会有来自军队和地方各个专业领域的30余名院士、专家，充分发挥专家作用，实施科学、民主决策，保障决策科学性。三是建立大总体协调会、总师办公会、专题协调会等协调机构，及时发现、协调解决问题。四是统筹研发力量协同攻关。参加北斗系统论证、设计、试验、集成的队伍包括军队、院校、科研院所、工业部门的300多家单位、8万余名科技人员。为了保障北斗系统高质量发展，国家在各级管理机构设置、研发设计队伍组织上均体现出开放融合思路。五是成立相关行业协会。例如，成立全国北斗卫星导航标准化技术委员会，委员会由来自行业部门、企业单位、地方院校、监测机构等单位的48名委员、7名观察员和3名联络员组成，从国家层面实现了北斗卫星导航标准化工作归口管理③。

（二）运行机制

在运行机制上，一是通过宏观统筹规划推动北斗系统发展。2013年国务院分办厅发布的《国家卫星导航产业中长期发展规划》是国家推动北斗导航产业发展的重要文件，更是北斗导航系统发展的全国动员令。该规划明确了北斗系统的

① 北斗三号全球卫星导航系统有多少成员？我国的北斗产业体系有多大？［EB/OL］.（2022-08-01）. https：//m. gmw. cn/baijia/2022-08/01/1303069348. html.

② 中国卫星导航系统管理办公室. 北斗卫星导航系统发展报告3.0版［R］. 2018.

③ 参见 https：//www. ndrc. gov. cn/fzggw/jgsj/dqs/sjdt/201406/t20140610_ 1055493. html.

发展方向，提出完善导航基础设施、突破核心关键技术、推行应用时频保障、促进行业创新应用、扩大大众应用规模、推进海外市场开拓六个方面的重点任务，并从目标、任务、政策三个维度分解重点任务，凝聚基础工程、创新工程、安全工程、大众工程和国际工程。《国家卫星导航产业中长期发展规划》发布以后，国家发展改革委、科技部、工信部、农业农村部、交通运输部、公安部等主管部门，以及国内 30 多个省（自治区、直辖市）和地区，出台了一系列推动北斗系统应用的政策文件和具体举措，如国家发展改革委制定了 2014～2016 年实施方案具体落实规划。2016 年，政府发布《中国北斗卫星导航系统》白皮书，宣示北斗系统发展理念与政策主张。二是建立应用推广和激励机制。通过省市北斗系统推广应用示范工程、产业联盟、产业园区、高峰论坛、行业论坛等多种渠道推广北斗系统。2013 年，天津、河北、江苏、安徽等 9 省（自治区、直辖市）作为示范省份，其在用的"两客一危"车辆需要更新车载终端的，所有新进入运输市场的重型载货汽车和半挂牵引车，加装北斗/GPS 双模车载终端。同年，在工信部电子信息司和中国卫星导航定位应用管理中心指导下，由工信部软件与集成电路促进中心等单位发起，北斗产品研发、生产、测试、运营服务的企事业单位参与的中国北斗产业化应用联盟成立，其旨在集聚行业优势资源，组织开展推广应用、检验测试、知识产权、人才培养等工作，促进产业企业的合作共赢，推动北斗应用产业发展升级①。三是实施"走出去"机制。"开放兼容，合作共进"是北斗系统发展的重要原则，通过与俄罗斯、美国、欧盟签署导航系统之间的协调合作，推动系统间兼容与互操作，为用户提供更优质的服务。积极参加联合国等国际组织和相关多边机制框架下的国际活动，积极进入国际民航组织、国际海事组织和移动通信领域组织，遵循国际标准，服务全球。

（三）法律法规

在法律法规上，一是国家出台了白皮书规划指导北斗系统发展，主要包括《中国北斗卫星导航系统》白皮书、《中国卫星导航与位置服务产业发展白皮书（2019）》和《国家卫星导航产业中长期发展规划》等。二是各部门出台了协助北斗系统发展的相关政策文件，主要包括交通运输部印发的《关于在行业推广应用北斗卫星导航系统的指导意见》《关于加快推进"重点运输过程监控管理服务示范系统工程"实施工作的通知》，地区发布的《京津冀协同推进北斗导航与位置服务产业发展行动方案（2017—2020 年）》等。三是签署了推动北斗系统国际合作的协议

---

① 参见 http://www.miit.gov.cn/n1146285/n1146352/n3054355/n3057643/n3057648/c3624971/content.html。

文件等。我国与俄罗斯政府签署了《关于和平使用北斗和格洛纳斯全球卫星导航系统的合作协定》《中国北斗和俄罗斯格洛纳斯系统兼容与互操作联合声明》《和平利用北斗系统和格洛纳斯系统开展导航技术应用合作的联合声明》《中俄卫星导航芯片联合设计中心谅解备忘录》等成果文件；与美国签署建立中美卫星导航合作对话机制，签署了系统之间的《中美卫星导航系统（民用）合作声明》《北斗与GPS信号兼容与互操作联合声明》。有关与北斗卫星导航系统相关的法律法规及文件如表9-2所示。

表9-2　与北斗卫星导航系统相关的法律法规及文件

序号	发表时间	发布单位	名称
1	2013 年 9 月	国务院办公厅	《国家卫星导航产业中长期发展规划》
2	2014 年 5 月	解放军原总参谋部	《中国人民解放军卫星导航应用管理规定》
3	2016 年 6 月	国务院	《中国北斗卫星导航系统》白皮书
4	2016 年 12 月	交通运输部	《关于在行业推广应用北斗卫星导航系统的指导意见》
5	2017 年 4 月	北京、天津、河北	《京津冀协同推进北斗导航与位置服务产业发展行动方案（2017—2020 年）》
6	2019 年 8 月	中俄	《关于和平使用北斗和格洛纳斯全球卫星导航系统的合作协定》
7	2015 年 5 月	中俄	《中国北斗和俄罗斯格洛纳斯系统兼容与互操作联合声明》
8	2015 年 12 月	中俄	《和平利用北斗系统和格洛纳斯系统开展导航技术应用合作的联合声明》
9	2014 年 5 月	中美	《中美卫星导航系统（民用）合作声明》
10	2017 年 11 月	中美	《北斗与 GPS 信号兼容与互操作联合声明》
11	2019 年 5 月	中国卫星导航定位协会	《中国卫星导航与位置服务产业发展白皮书（2019）》
12	2020 年 5 月	中国卫星导航定位协会	《中国卫星导航与位置服务产业发展白皮书（2020）》
13	2021 年 5 月	中国卫星导航定位协会	《中国卫星导航与位置服务产业发展白皮书（2021）》

三、经验与启示

北斗系统是新型举国体制下高科技协同创新的典型案例，有以下经验可供参考与借鉴。

第一，对事关国家安全和经济发展全局的重大项目和工程，要坚持自主创新的战略基点，要有很强的战略定力，不能心猿意马、三心二意。在部分领域，我国已经从"跟跑者"转变为"并跑者""领跑者"，无规矩可循、无经验可学。事实反复证明，用再多的市场也换不来真正的核心和关键技术，依靠别人、依附别人必然受制于人！

第二，要处理好政府与市场的关系。新型举国体制和传统举国体制下高科技协同创新的一个很大不同之处就在于如何处理市场和政府的关系。新型举国体制下的北斗系统发展要求处理好两者的关系，发挥市场在资源配置中的决定性作用与更好发挥政府作用相结合。在市场经济条件下，北斗系统从研发到产业化形成最终产品的全过程都充分发挥了市场配置资源的决定性作用。立项研发通过合同契约建立各主体的协作关系，而非传统举国体制下通过行政指令建立协作关系。北斗产品最终要经受市场用户检验，形成应用生态，这个过程是通过市场价格、产品质量形成竞争优势。当然，在整个过程中，政府发挥着重要的统筹协调作用。北斗立项、发射组网等全过程是政府牵头成立中国卫星导航系统委员会及中国卫星导航系统管理办公室、专家委员会和专家组、大总体协调会、总师办公会、专题协调会等进行统筹协调。在市场推广过程中，北斗系统也是采用市场经济方法，以市场需求为导向，调动微观主体的积极性，运用政府采购、产业扶持、终端运用补贴优惠、过路费减免等政策进行市场推广。例如，甘肃对四种农业用北斗终端进行补贴，有农业用的，也有渔业用的，补贴额度在300元到30000元；陕西补贴目录里就有两种产品，其中一种是液压控制转向机，直线精度±2.5cm的北斗导航自动驾驶系统，每台补贴28500元[①]；山东胶州市对安装北斗终端的渔船每艘补贴4000元[②]。

第三，要贯彻开放融合发展、创新驱动战略。北斗卫星导航试验系统应用领域大多集中在公共安全和特殊行业。2012年北斗系统提供区域服务，标志着它在民用领域迈出重要步伐，走向开放融合发展。北斗系统按照"需求牵引、国家主导、市场运作、协作创新"原则，加强力量融合、资源整合、体系融合，形成整体合力，走协同发展之路。

第四，管理体制上要加强顶层设计和宏观统筹，要着重优化政策体系、完善基本政策、补齐领域政策、细化具体政策，建立纵向到底、横向到边的管理体系。在国家层面上形成中长期发展规划，加强部门之间的协调配合，强化产业发

---

① 农用北斗终端正式进入省级补贴范围［EB/OL］. (2017-05-17) . http：//www.sohu.com/a/141246045_475389.

② 山东胶州市北斗应用终端补贴公示［EB/OL］. (2019-01-03) . http：//www.jiaozhou.gov.cn/n1822/n2112/n2113/n2116/190103085654405032.html.

展规划，厘清产业发展优先次序和关键环节，明确发展方向和重点。优化区域布局，做好与国家相关科技重大专项和规划的衔接，如"一带一路"建设、京津冀协同发展战略等。

第五，要进行国际合作和协同。在市场经济条件下，开放兼容是北斗系统发展的必然选择。积极利用国内国际两种资源、两个市场，实现国际化与产业化的协同发展①，是新型举国体制下高科技协同创新的重要路径，但要清醒认识到国际合作是在相对对等的实力基础上的。北斗系统发展过程中与"伽利略"的合作波折经历就是最好的注脚。2002 年，欧盟启动了与美国 GPS 抗衡的"伽利略"计划。2003 年，欧盟因资金和市场开拓等方面的因素，向中国发出了合作开发的邀请，中国成为第一个非欧盟的参与国。2003 年底，在中方实际完成了区域导航系统"北斗"一号之后，2004 年中欧正式签署了技术合作协议，中方承诺投入2.3 亿欧元的资金，第一笔 7000 万欧元很快就交付了。然而，中国不但进不到"伽利略"计划的决策机构，甚至在技术合作开发上也被欧盟航天局故意设置的障碍所阻挡，2007 年欧盟直接将我国清出了研发项目。在此背景下，我国痛下决心自主研发北斗系统，2007 年发射第四颗"北斗"一号导航卫星，以替换退役的卫星。随后，成功发射第一颗"中轨道"导航系统、"北斗二代"卫星、第三颗北斗二代卫星，加快建设"北斗二号"的步伐。北斗和"伽利略"合作的插曲，至少使我国在推出"北斗二代"的时间表上推迟了 4 年，这是个深刻的教训。②

 本章小结

本章分析新型举国体制推动高科技协同创新发展。举国体制在我国发展不同阶段呈现不同的形式，也将承担不同的历史使命、发挥不同的历史作用。举国体制并非计划经济所独有，而是一项组织体系的制度安排，属于政治体制，并且是社会主义制度的独特优势所在。中华人民共和国成立以来形成的举国体制具有历史的连续性，而在市场经济条件下新型举国体制又具有创新性和时代特点。在阐述传统举国体制取得的成绩和存在的问题基础上，本章提出了新型举国体制的内涵和特点。

与传统举国体制比较，新型举国体制在市场和政府关系、项目组织和项目性质上存在不同。其中，健全高科技协同创新管理体制、运行机制和法律法规是着

---

① 国务院办公厅．国家卫星导航产业中长期发展规划［EB/OL］．（2013－10－09）．http：//www. gov. cn/zwgk/2013－10/09/content_2502356. htm.

② 和静钧．从"北斗"之路看我国核心技术战略［J］．廉政瞭望，2010（1）：20-21.

力点。本章从这三方面分析新型举国体制推动高科技协同创新发展。最后，分析了新型举国体制下以北斗卫星导航系统高科技协同创新的典型案例，得出经验和启示，主要包括：一是事关国家安全与经济发展全局的重大项目和工程，要坚持自主创新的战略基点，要有很强的战略定力，不能心猿意马，三心二意；二是处理好政府与市场的关系；三是贯彻融合发展、创新驱动发展战略；四是管理体制上要加强顶层设计和宏观统筹，要着重优化政策体系、完善基本政策、补齐领域政策、细化具体政策，建立纵向到底、横向到边的管理体系；五是要进行国际合作和协同。

第十章

高科技协同创新绩效评估

在科教兴国战略、创新驱动发展战略成为国家战略背景下，推动高科技协同创新发展亟须破解科技创新资源配置条块分割、缺乏统筹等难题，迫切需要各创新要素面向国家重大战略需求，以知识增殖和重大科技创新为核心，通过各创新主体跨部门、跨领域、跨区域、跨行业密切协同互动与整合提升创新绩效，走协同创新道路。

第一节　构建评价指标体系和问卷设计

本节从合作伙伴协同配合度、个体创新能力和外部环境三方面构建评估高科技协同创新绩效的指标体系，调查问卷采用李克特量表法对湖南省高科技协同创新主体进行调查研究。该方法对评估我国其他地区高科技协同创新绩效也具有一定借鉴意义。

一、构建评价指标体系

在协同创新绩效指标体系构建方面，Fan 和 Tang（2009）从环境、投入、产出、合作机制和效应等方面构建了产学研技术协同创新绩效评价指标体系，并运用模糊积分法对中国产学研技术合作创新进行了评价。贺灵等（2012）运用协同度模型，从要素素质、互动和环境三个角度测量了各省级区域创新网络要素间的协同能力及其对该地区科技创新绩效的影响。李林和袭勇（2014）从协同创新合作伙伴配合度、协同创新能力和机制三方面建立了攻关项目协同创新绩效评估指标体系。胡红安和刘丽娟（2015）从创新主体和创新要素子系统构建了指标体系，并以航空航天产业为例评估产业创新协同度。

高科技协同创新绩效评估涉及各创新要素，包括企业、政府、研究机构、中介机构和用户。在考虑指标的科学性、系统性、可获取性和可操作性基础上，借鉴文献中构建的协同创新绩效评估指标体系，本书提出从合作伙伴协同配合度、主体创新能力和外部环境三方面构建评估高科技协同创新绩效的指标体系。各创新主体自身创新能力是影响协同创新绩效的内因，从研发机构自身实力、研发投入和产出上构建指标。外部支持是影响协同创新绩效的外因，从市场、政府、金融和中介上来构建指标。协同配合度将影响协同创新绩效的内外因结合起来，从协同创新的意愿、能力和内部协同机制上来构建指标。高科技协同创新绩效评价指标体系如表 10-1 所示。

表 10-1　高科技协同创新绩效评价指标体系

一级指标	二级指标	三级指标
协同创新合作伙伴协同配合度	协同创新的意愿	协作双方的信任程度 a11
		协作双方目标的一致程度 a12
	协同创新的能力	资源对接互补程度 a21
		合作伙伴面对任务的反应快慢程度 a22
		合作伙伴间意见有效表达、信息对称及沟通程度 a23
		合作研发的项目数量 a24
		合作研发的项目金额 a25
	协同创新的内部机制	风险分摊机制 a31
		合理的利益分配机制 a32
		知识产权保护机制 a33
		成果产业化推广机制 a34
		协同管理机构的统筹、执行机制 a35
		资源共享平台 a36
		绩效考核和运行机制 a37
		管理文化协同机制 a38
协同创新主体创新能力	研发机构自身实力	创新型企业及科研院所数量 b11
		科学家与工程师数量 b12
		研发人员占所有员工比重 b13
	研发投入	创新型企业及科研院所 R&D 投入 b21
		人均研发费用 b22
		研发费用占销售收入比重 b23

续表

一级指标	二级指标	三级指标
协同创新主体创新能力	研发产出	适合转化的成果比例 b31
		成果转化周期 b32
		每年新增专利数 b33
协同创新外部环境	外部市场	与当地优势产业契合度 c11
		市场配套程度(交通、产业链配套等) c12
		市场环境景气度 c13
	金融支持	金融机构数量 c21
		金融机构支持力度 c22
	中介支持	中介机构数量 c31
		中介机构服务水平 c32
	政府政策	土地、税收、财政等优惠政策支持度 c41
		政府的指导、协调与推动 c42
		政府规章制度的支持度 c43

二、问卷设计

湖南长株潭城市群取得了以天河超级计算机、世界最大功率电力机车等为代表的一批高水平自主创新成果,被称作"自主创新的长株潭现象"。该地区重视科技资源开放共享、技术联合攻关,以高科技协同创新提升区域自主创新能力。长株潭地区正成为湖南乃至中部重要的科技创新高地,是促进中部地区崛起的重要力量。本章选取长株潭城市群为典型案例,分析高科技协同创新绩效及影响因子。

在与湖南长株潭地区高科技协同创新研究院、产业园企业管理人员和高校相关领域专家进行座谈讨论问卷指标体系的基础上,将修改的调查问卷在高科技协同创新中心、创新研究院、企业中发放。问卷设计分为两部分,第一部分是对被调查者背景的调查,包括性别、年龄、受教育程度、单位和职务;第二部分包含绩效评价量表是问卷主体部分。问卷采用李克特量表衡量被调查者对每个问项描述的同意程度,从"非常好""很好""比较好""一般""不太好"五个层次评价高科技协同创新的绩效。

第二节　高科技协同创新绩效评估的实证研究

在构建评价指标体系和问卷设计的基础上，针对湖南省三类典型高科技协同创新类型发放调查问卷，采用主成分分析法进行因子分析和总体高科技协同创新绩效分析。

一、数据来源

研究的数据主要源于座谈和问卷调查。根据对创新与产业化的侧重程度，将高科技协同创新的调研对象归为三类，一是聚焦创新阶段的协同创新中心，选取湖南省高校"2011 协同创新中心"的湖南省先进卫星导航定位技术协同创新中心，该中心由国防科技大学牵头，中南大学、海格通信和湖南航天电子等协同参与；二是创新与产业化并重的创新研究院，选取高科技协同创新研究院国家超算长沙中心；三是在协同创新与产业化之间更侧重推广实现产业化的产业园和高科技企业，选取湘潭市雨湖区管委会、山河智能装备集团、湖南博云新材股份有限公司、长沙景嘉微电子股份有限公司、江南工业集团有限公司。2022 年 1～6 月，我们对长株潭地区上述单位和企业的管理人员、技术人员进行问卷调查：共发放问卷 120 份，其中书面问卷 80 份，电子问卷 40 份；收回 113 份，回收率为94.17%；剔除 5 份无效问卷，共收回有效问卷 108 份，有效率为 90%。

二、相关检验

用 SPSS19.0 对问卷量表进行信度和效度分析，采用 KMO 检验和 Bartlett 球形检验考察变量是否能进行因子分析。结果显示 Ceonbachi'α 系数为 0.813，满足信度系数大于 0.8 的标准，说明问卷量表的问题具有较高的一致性，信度系数较好。在对问卷进行信度分析后，采用 KMO 检验和 Bartlett 球形检验对问卷进行效度分析，如表 10-2 所示。KMO 检验值为 0.806，大于 0.8，表明样本适合因子分析。Bartlett 球形检验显示，近似卡方值为 3720.849，自由度为 595，检验显著性水平为 0.000，拒绝 H_0（假设相关矩阵是一个单位矩阵），所以可以对量表进行因子分析。

表 10-2　KMO 和 Bartlett 的检验

取样足够度的 KMO 度量		0.806
Bartlett 的球形度检验	近似卡方	3720.849
	自由度	595
	显著性	0.000

三、高科技协同创新要素对绩效的影响

由于指标较多，选取主成分分析法筛选优化评价指标，提取特征值大于 1 的系数构建因子变量，采取方差极大值法进行因子矩阵旋转，使其因子荷载差异最大化。运用 SPSS19.0 软件对问卷数据进行因子分析，根据特征值大于 1 的要求，提取三个主成分，其累积解释方差为 75.020%，主成分对于全部指标的解释性比较好，如表 10-3、表 10-4 所示。

表 10-3　解释的总方差①

成分	初始特征值			提取平方和载入			旋转平方和载入		
	合计	方差的%	累积%	合计	方差的%	累积%	合计	方差的%	累积%
1	10.234	29.241	29.241	10.234	29.241	29.241	8.939	25.539	25.539
2	8.031	22.945	52.186	8.031	22.945	52.186	8.502	25.290	50.829
3	7.992	22.834	75.020	7.992	22.834	75.020	8.166	24.191	75.020
4	0.877	2.504	77.524	——	——	——	——	——	——

表 10-4　旋转成分矩阵 a

影响因子	成分			影响因子	成分		
	1	2	3		1	2	3
协作双方的信任程度	0.893	0.177	0.064	研发人员占所有员工比重	0.198	0.783	0.018
协作双方目标的一致程度	0.812	0.064	0.137	创新型企业及科研院所 R&D 投入	0.096	0.640	0.248
资源对接互补程度	0.670	0.374	-0.190	人均研发费用	0.260	0.770	0.328
合作伙伴面对任务的反应快慢程度	0.516	-0.180	0.555	研发费用占销售收入比重	0.085	0.512	0.599

---

① 限于篇幅，只给出前四个主成分的方差。

续表

影响因子	成分			影响因子	成分		
	1	2	3		1	2	3
合作伙伴间意见有效表达、信息对称及沟通程度	0.858	0.001	0.125	适合转化的成果比例	-0.470	0.841	0.254
合作研发的项目数量	0.679	-0.137	0.078	成果转化周期	0.210	0.565	0.678
合作研发的项目金额	0.580	-0.110	-0.053	每年新增专利数	-0.213	0.808	0.206
风险分摊机制	0.820	0.462	-0.030	与当地优势产业契合度	0.101	0.753	0.092
合理的利益分配机制	0.810	0.330	0.007	市场配套程度（交通、产业链配套等）	-0.001	-0.012	0.893
知识产权保护机制	0.657	0.322	0.160	市场环境景气度	-0.039	-0.137	0.728
成果产业化推广机制	0.746	0.459	-0.225	金融机构数量	-0.333	-0.126	0.831
协同管理机构的统筹能力、执行机制	0.864	0.262	-0.205	金融机构支持力度	-0.584	0.126	0.532
资源共享平台	0.151	0.832	0.010	中介机构数量	-0.466	-0.170	0.478
绩效考核和运行机制	0.524	0.352	-0.596	中介机构服务水平	-0.270	0.153	0.550
管理文化协调机制	0.657	0.381	-0.440	土地、税收、财政等优惠政策支持度	-0.468	-0.089	0.549
创新型企业及科研院所数量	0.169	0.568	0.671	政府的指导、协调与推动	-0.125	0.408	0.580
科学家与工程师数量	0.470	0.576	0.255	政府规章制度的支持度	-0.032	0.303	0.701

资料来源：旋转法，即 Kaiser 标准化的正交旋转，旋转在 5 次迭代后收敛。

在高科技协同创新合作伙伴协同配合度的影响因子中，协作双方的信任程度 a11、风险分摊机制 a31、合理的利益分配机制 a32、协同管理机构的统筹、执行机制 a35 旋转后的荷载大于 0.8，表明上述因子对协同创新配合度影响较大。在协同创新主体能力的影响因子中，适合转化的成果比例 b31 和每年新增专利数 b33 的贡献较大。在协同创新外部环境的影响因子中，市场配套程度 c12、金融机构数量 c21 的影响较大。

对高科技协同创新中心、高科技协同创新研究院和产业园的企业进行变量分类，考察不同类型高科技协同创新各自的影响因素。结果显示，这三类不同调研对象在协同创新影响因素上有所差异。高科技协同创新中心主要承担研发任务，其协同创新主体能力的得分明显高于其余两个因素；高科技协同创新研究院承担研发和早期技术成果推广任务，它对协同创新的合作伙伴协同配合度和协同创新的外部环境要求较高；产业园的企业则对协同创新外部环境要求较高（如

表 10-5）。

表 10-5 高科技协同创新不同类型公因子得分

高科技协同创新类型	FAC1_1	FAC2_1	FAC3_1
高科技协同创新中心	−32.61380	16.45234	9.07277
高科技协同创新研究院	23.27932	4.88005	17.98599
高科技产业园的企业	−9.78243	−11.84010	27.05870
高科技协同创新三种类型	−19.11690	9.49229	54.11746

四、高科技协同创新总体绩效测度

根据旋转后的成分矩阵，以系数大于 0.5 为基准，将 34 个高科技协同创新绩效评价指标归类为三个公因子并赋予现实意义，即协同创新合作伙伴协同配合度（FAC1_1）和协同创新主体能力（FAC2_1）和协同创新外部环境（FAC3_1）。其中，协同创新合作伙伴协同配合度是协同创新的重要内容，主体创新能力是协同创新的前提，外部环境是协同创新的保障。由表 10-3 可知，三个旋转后公因子的方差贡献率依次为 25.539%，25.290% 和 24.191%。根据因子分析得到的公因子得分，采用方差贡献率作为权重进行求和，得到高科技协同创新总体绩效 ZF 为

ZF = 0.25539×FAC1_1+0.25290×FAC2_1+0.24191×FAC3_1

将高科技协同创新三种类型的公因子得分代入 ZF 的公式，可得出高科技协同创新的总体绩效得分为 13.3735。

 本章小结

本章运用因子分析法，从高科技协同创新合作伙伴协同配合度、协同创新主体创新能力和协同创新外部环境三个方面构建评价体系，对长株潭地区高科技协同创新中心、高科技协同创新研究院和高科技产业园企业的协同创新绩效进行评估，相关结论如下：

（1）长株潭地区高科技协同创新的总体绩效得分为 13.3735。由于调查问卷范围限于长株潭地区，因此后续还需在调研基础上与我国其他省份进行区域高科技协同创新绩效的横向比较。

（2）高科技协同创新中心自身创新能力较强，但在合作伙伴协同配合度上

得分较低。应增强协同双方的信任程度，提高协同管理机构的统筹能力、执行力。中心的科研团队应加强与企业家沟通，通过参观交流、技术讲座、企业反馈等在立项源头和研发中进行全程信息交互，解决创新成果产业实用性偏低、应用与市场需求不对接的问题。要围绕地方政府产业发展规划、产业特色和产业转型升级的现实需求，以第三方的项目创新平台和企业孵化器实现创新成果同产业对接、创新项目同现实生产力对接。

（3）高科技协同创新研究院在获得外部市场、政府政策、中介支持等方面有较好的表现，但在合作伙伴协调配合度特别是合理的利益分配机制、知识产权保护机制、成果产业化推广机制方面得分较低。要参照国家《中华人民共和国促进科技成果转化法修正案》、《关于深化体制机制改革加快实施创新驱动发展战略的若干意见》、部分高校和地方政府的做法，加大对高科技协同创新成果研发人员、推广转化人员的奖励，至少不应低于国家的奖励标准。

（4）高科技协同创新中企业的创新能力较弱，特别在研发人员数量、研发投入以及适合转化的成果、新增专利方面得分较低。可通过与高校和科研院所构建战略联盟、组建研发中心和第三方平台进行研发合作。此外，还应进一步挖掘高科技产业园区中企业的创新能力，使企业真正成为协同创新的主体。

要进一步研究高科技协同创新对传统产业转型升级和新兴产业培育成长的作用路径和机理，以创新驱动发展、科技成果转化、"科技—产业—金融—政府"协同发展为长株潭国家自主创新示范区建设成为创新驱动发展引领区、中西部地区发展新增长极提供参考。

附　录

附录1　高科技协同创新提升高素质人才培养调查问卷

尊敬的先生/女士：

您好！此次问卷调查希望真实了解您对高科技协同创新培养高素质人才的看法，以期更好提升人才培养质量。本调查采取匿名的方式进行，将对您的个人信息进行保密，衷心感谢您的热忱帮助与支持！

1. 您的性别是_____

A. 男　　　　　　　B. 女

2. 您所在专业是_____

A. 计算机科学与技术　　　　　B. 软件工程

C. 网络空间安全　　　　　　　D. 集成电路工程

E. 电子科学与技术　　　　　　F. 信息与通信工程

G. 电子与通信工程　　　　　　H. 大气科学

I. 机械工程　　　　　　　　　J. 控制科学与工程

K. 材料科学与工程　　　　　　L. 航天工程

M. 航空宇航科学与技术　　　　N. 其他

3. 您属于下面哪种类型_____

A. 本科生　　　　B. 硕士研究生　　　C. 博士研究生

4. 您属于下面哪种类型_____

A. 非定向　　　　　　　　　　B. 与科研院所联合培养

C. 与企业联合培养　　　　　　D. 与其他单位联合培养

5. 您毕业后优先选择就业领域（多选）_____

A. 科研单位　　　　　　　　　B. 国有企业

C. 政府机关和事业单位　　　　　　D. 民营企业

E. 自主创业　　　　　　　　　　　F. 其他

6. 您认真看过所在阶段的人才培养方案吗?

A. 没看过　　　　　B. 粗略看过　　　　C. 仔细看过

7. 您所在课题组与下列哪些有合作研究? (多选)

A. 地方科研院所　　　　　　　　　B. 地方高校

C. 军工企业　　　　　　　　　　　D. 军队科研院所

E. 民营企业　　　　　　　　　　　F. 其他

G. 不存在合作研究

8. 您所在项目组与其他单位合作研究有哪些形式? (多选)

A. 项目共同研发　　　　　　　　　B. 企业产业化应用

C. 服务产业园区　　　　　　　　　D. 地方协同创新研究院

E. 国家超算中心　　　　　　　　　F. 其他＿＿＿＿＿＿＿

9. 您认为项目组与其他单位的合作研发、成果推广应用对您学习科研的帮助是＿＿＿＿＿＿＿

A. 非常有帮助　　B. 很有帮助　　C. 比较有帮助　　D. 一般

E. 几乎没帮助

10. 您认为与其他单位合作研发、推广应用对您未来就业的帮助是＿＿＿＿＿＿＿

A. 非常有帮助　　B. 很有帮助　　C. 比较有帮助　　D. 一般

E. 几乎没帮助

11. 您认为学生培养方案哪些环节要加强?　＿＿＿＿＿＿＿

A. 课堂课程教学环节　　　　　　　B. 专业建设环节

C. 岗位实习　　　　　　　　　　　D. 项目设计

E. 毕业设计　　　　　　　　　　　F. 其他

12. 您了解学校针对学生有哪些实践教学举措? (填空)

13. 您希望加强哪些教学实践活动? (多选)

A. 产业园区实习　　　　　　　　　B. 民口优质企业实习

C. 军队科研院所实习　　　　　　　D. 部队技术岗位实习

E. 其他

14. 您了解其他"双一流"院校有哪些实践教学方法值得学习借鉴? (填空)

15. 您认为现有人才培养方案对学生实践教学设计＿＿＿＿＿＿＿

A. 非常好, 不需要加强　　　　　　B. 很好, 需要有所加强

C. 比较好, 需要一定程度加强　　　D. 一般, 需要较大程度加强

E. 不够, 亟须大力加强

附录 2　高科技协同创新绩效评估问卷

尊敬的先生/女士：

　　您好！此次问卷调查希望真实了解您对高科技协同创新的看法，以期更好统筹各创新资源，提升协同创新绩效。高科技协同创新是指各创新要素(包括企业、政府、研究机构、中介机构和用户)面向国家重大战略需求，以知识增殖和科技创新为核心，通过各创新主体跨部门、跨领域、跨区域、跨行业密切协同互动与整合提升创新绩效的创新组织形式。本调查采取匿名的方式进行，将对您的个人信息进行保密，衷心感谢您的热忱帮助与支持！

第一部分　背景情况

　　请您根据自己的实际情况回答以下问题。

　　1. 您的性别是_____

　　A. 男　　　　　　　　B. 女

　　2. 您的年龄(周岁)是_____

　　A. 30 岁及以下　　B. 31～40 岁　　　C. 41～50 岁　　　D. 51 岁及以上

　　3. 您受教育的程度是_____

　　A. 大专及以下　　B. 本科　　　　C. 硕士研究生　　D. 博士研究生及以上

　　4. 您所在单位是_____

　　A. 企业　　　　　　B. 高校　　　　C. 研究所　　　　D. 政府

　　E. 其他机构(金融、中介等)

　　5. 您的岗位是_____

　　A. 管理者　　　　B. 技术骨干　　　C. 一般员工　　　D. 其他

第二部分　影响高科技协同创新绩效的问卷调查

　　1. 您所在单位研发人员占员工比重为_____

　　A. 10% 以内　　　B. 11%～20%　　　C. 21%～30%　　　D. 31%～40%

E. 40%以上

2. 您所在单位研发费用占销售收入的比重为_____

A. 10%以内　　　　B. 11%~20%　　　　C. 21%~30%　　　　D. 31%~40%

E. 40%以上

3. 您所在单位适合转化的成果占总成果的为例为_____

A. 10%以内　　　　B. 11%~20%　　　　C. 21%~30%　　　　D. 31%~40%

E. 40%以上

4. 您所在单位成果转化周期一般为_____

A. 1年以内　　　　B. 1~2年　　　　C. 2~3年　　　　D. 4~5年

E. 5年以上

5. 您所在单位每年新增专利数为_____

A. 0~1件　　　　B. 2~5件　　　　C. 6~10件　　　　D. 10件以上

6. 请您根据下列指标的重要程度由高到低排序_____

A. 协同创新合作伙伴协同配合度　　　B. 协同创新主体创新能力

C. 协同创新外部环境

7. 您认为协作双方的信任程度如何_____

A. 非常好　　　　B. 很好　　　　C. 比较好　　　　D. 一般

E. 不太好

8. 您认为协作双方的目标一致程度如何_____

A. 非常好　　　　B. 很好　　　　C. 比较好　　　　D. 一般

E. 不太好

9. 您认为创新资源对接互补程度如何_____

A. 非常好　　　　B. 很好　　　　C. 比较好　　　　D. 一般

E. 不太好

10. 您认为合作伙伴面对任务（市场）的反应快慢程度如何_____

A. 非常好　　　　B. 很好　　　　C. 比较好　　　　D. 一般

E. 不太好

11. 您认为合作伙伴间意见有效表达、信息对称及沟通程度如何_____

A. 非常好　　　　B. 很好　　　　C. 比较好　　　　D. 一般

E. 不太好

12. 您所在单位合作研发项目数量为_____

A. 无　　　　B. 1~2个　　　　C. 3~5个　　　　D. 6~10个

E. 10个以上

13. 您所在单位合作研发项目金额为_____

A. 100 万元以内　　　　　　　　　B. 100 万~500 万元

C. 501 万~1000 万元　　　　　　　D. 1001 万~5000 万元

E. 5000 万元及以上

14. 请您将协同创新中下列机制的重要程度排序_____

A. 风险分摊　　　　　　　　　　　B. 利益分配

C. 知识产权保护　　　　　　　　　D. 成果产业化推广转化

E. 其他机制

15. 您所在单位协同创新的风险分摊情况如何_____

A. 非常好　　　　B. 很好　　　　C. 比较好　　　　D. 一般

E. 不太好

16. 您所在单位协同创新的利益分配情况如何_____

A. 非常好　　　　B. 很好　　　　C. 比较好　　　　D. 一般

E. 不太好

17. 您认为协同创新成果转化后，研发人员获得科技成果收入的比重为

_____较为合适

A. 11%~20%　　　B. 21%~30%　　　C. 31%~40%　　　D. 41%~50%

E. 50%以上

18. 您所在单位协同创新的成果产业化推广情况如何_____

A. 非常好　　　　B. 很好　　　　C. 比较好　　　　D. 一般

E. 不太好

19. 您认为协同创新管理机构的统筹能力和执行能力如何_____

A. 非常好　　　　B. 很好　　　　C. 比较好　　　　D. 一般

E. 不太好

20. 您所在单位协同创新的知识产权保护情况如何_____

A. 非常好　　　　B. 很好　　　　C. 比较好　　　　D. 一般

E. 不太好

21. 您所在单位协同创新的资源共享平台运行如何_____

Λ. 非常好　　　　B. 很好　　　　C. 比较好　　　　D. 一般

E. 不太好

22. 您所在单位协同创新的成果与当地优势产业契合度如何_____

A. 非常好　　　　B. 很好　　　　C. 比较好　　　　D. 一般

E. 不太好

23. 您所在单位协同创新的成果与市场配套程度如何_____

A. 非常好　　　　B. 很好　　　　C. 比较好　　　　D. 一般

E. 不太好

24. 您所在单位协同创新所获得的金融支持力度如何＿＿＿＿＿＿

A. 非常好　　　　B. 很好　　　　C. 比较好　　　　D. 一般

E. 不太好

25. 您所在单位协同创新过程中的中介机构服务水平和支持力度如何＿＿＿＿＿＿

A. 非常好　　　　B. 很好　　　　C. 比较好　　　　D. 一般

E. 不太好

26. 您所在单位协同创新所获得的政府土地、税收、财政优惠政策情况如何＿＿＿＿＿＿

A. 非常好　　　　B. 很好　　　　C. 比较好　　　　D. 一般

E. 不太好

27. 您所在单位协同创新所得到的政府规章制度支持情况如何＿＿＿＿＿＿

A. 非常好　　　　B. 很好　　　　C. 比较好　　　　D. 一般

E. 不太好

28. 您认为创新各方在协同创新过程中的管理文化协调情况如何＿＿＿＿＿＿

A. 非常好　　　　B. 很好　　　　C. 比较好　　　　D. 一般

E. 不太好

29. 您认为高科技协同创新绩效考核和运行机制的协同情况如何＿＿＿＿＿＿

A. 非常好　　　　B. 很好　　　　C. 比较好　　　　D. 一般

E. 不太好

再次感谢您的大力支持，问卷到此结束。

参考文献

［1］Aghion P, Howitt P. A Model of Growth through Creative Destruction ［J］. Econometrica, 1992,60(2):323-351.

［2］Aghion P, Howitt P. Endogenous Growth Theory［M］. Cambridge: MIT Press, 1998.

［3］Alan Irwin. The Politics of Talk:Coming to Terms with the "new" Scientific Governance［J］. Social Studies of Science, 2006,36(2):199-320.

［4］Anklam P. Knowledge Management. The Collaboration Thread［J］. Bulletin of the American Society for Information Science & Technology, 2002,28(6):8-11.

［5］Anselin L. Spatial Econometrics, Methods and Models ［M］. Boston: Kluwer Academic Publishers, 1988.

［6］Arrow K J. The Economic Implications of Learning by Doing［J］. Review of Economic Studies, 1962(29):155-173.

［7］Benoit E. Growth and Defense in Developing Countries ［J］. Economic Development and Cultural Change, 1978 (26): 271-280.

［8］Bevir M. Democratic Governance:Systems and Radical Perspective［J］. Public Administration Review, 2006,66(3):426-436.

［9］Boekholt P, Arnold E. The Governance of Research and Innovation:An International Comparative Study［R］. Synthesis Report, Technopolis Group Ltd, 2002.

［10］Chien Y T. A Survey of Interagency Coordination in U. S. Federal R&D Initiatives ［R］. Japan: The Mitsubishi Research Institute, 2003.

［11］Crespy C, Heraud J, & Perry B. Multi-Level Governance, Regions and Science in France: Between Competition and Equality ［J］. Regional Studies, 2007, 41(8):1069-1084.

［12］Das T K, Teng B S. Resource and Risk Management in the Strategic Alliance Making Process［J］. Journal of Management, 1998.

［13］ Etzkowitz H, Leydesdorff L. The Dynamics of Innovation: From National Systems and "Mode 2" to a Triple Helix of University-Industry-Government Relations ［J］. Research Policy, 2000,29(2):109-123.

［14］ Fan D C, Tang X X. Performance Evaluation of Industry-University-Research Cooperative Technological Innovation Based on Fuzzy Integral［J］. International Conerence on Management Science & Engineering, 2009: 1789-1795.

［15］ Frolov S M, Kremen O I, Ohol D O. Scientific Methodical Approaches to Evaluating the Quality of Economic Growth ［J］. Actual Problems of Economics, 2015,173(11):1397-1421.

［16］ Fujita M, Thisse J R. Economics of Agglomeration［J］. Journal of the Japanese and international economies, 1996,10(4):339-378.

［17］ Gansler J S. 21 世纪的国防工业 ［M］. 黄朝峰, 张允壮, 译. 北京: 国防工业出版社,2013.

［18］ Ansell G, Gash A. Collaborative Governance in Theory and Practice ［J］. Journal of Public Administration Research and Theory, 2008,18(4):543-571.

［19］ Glaeser E L. Learning in Cities［J］. Journal of Urban Economics, 1999, 46(2):254-277.

［20］ Glaeser E L, Kallal H D, Scheinkman J A, et al. Growth in cities［J］. Journal of Political Economy, 1992,100(6):1126-1152.

［21］ Gloor P A, Laubacher R, Dynes S B C, et al. Visualization of Communication Patterns in Collaborative Innovation Networks-Analysis of Some W3C Working Groups［R］. CIKM' 03 Proceedings of the twelfth international conference on Information and knowledge management, New York, 2003.

［22］ Grossman G. , Helpman E. Quality Ladders in the Theory of Growth［J］. Review of Economic Studies, 1991(58):43-61.

［23］ Grossman G. , Yanagawa N. Asset Bubbles and Endogenous Growth［J］. J. Mon. E, 1993,21(1):3-19.

［24］ Jacobs J. The Economy of Cities ［J］. New York: Vintage, 1969.

［25］ Jordi M. Which Way to Go? Defense Technology and the Diversity of "dualuse" Technology Transfer［J］. Research Policy, 1997,33(2):367-385.

［26］ Kaufmann D, Kraay A, Mastruzzi M. The Worldwide Governance Indicators:Methodology and Analytical Issues［R］. World Bank Policy Research Working Paper, No. 5430.

［27］ Klaus Dingwerth, Philipp Pattaberg. Global Governance as a Perspective on

World Politics [J]. Global Governance, 2006,12(2):185-203.

[28] Klepper S. The Origin and Growth of Industry Clusters,the Making of Silicon Valley and Detroit[J] . Journal of Urban Economics, 2010,67(1):15-32.

[29] Kovacic W E, Smallwood D E. Competition Policy, Rivalries, and Defense Industry Consolidation [J] . The Journal of Economic Perspectives, 1994,8(4):91-110.

[30] Kuhlmann S, Edler J. Scenarios of Technology and Innovation Policies in Europe: Investigating Future Governance [J]. Technological Forecasting and Social Change, 2003,70(7):619-637.

[31] Lucas R. On the Mechanism of Economic Development[J] . Journal of Monetary Economics, 1988,22(1):3-42.

[32] Marshall A. Principles of Economics [M]. London: MacMillan, 1920: 91-98.

[33] Mei L, Chen Z. The Convergence Analysis of Regional Growth Differences in China: The Perspective of the Quality of Economic Growth [J] . Journal of Service Science and Management, 2016,9(6):453-476.

[34] Neely J R. The US Government Role in HPC: Mission and Policy[R]. 2014 IGCC Conference on Comparing High Performance Computing in the US and China, Califorrnia, 2014:132-135.

[35] Nelson R R, Winter S G. An Evolutionary Theory of Economic Change [M]. Harvard: Harvard University Press, 1982.

[36] Nielson F, Nielson H R. Types from Control Flow Analysis [J] . Springer-Verlag, 2007(1):293-302.

[37] OECD. 以知识为基础的经济 [M]. 北京: 机械工业出版社,1997.

[38] Pan JieYi, Wang Fen. Analysis and Evaluation of Knowledge Transfer Risks in Collaborative Innovation Based on Extension Method [C] . IEEE Explore, 2008: 1-4.

[39] Porter M E. The Competitive Advantage of Dations [J] . New York: Free Press, 1990.

[40] Qigley J M. Urban Diversity and Economic Growth[J] . Journal of Economic Perspectives, 1998,12(2):127-138.

[41] Ring P S, Van De Ven A H. Developmental Processes of Cooperative Inter-organizational Relationships[J] . Academy of Management Review, 1994, 19 (1): 90-118.

［42］ Romer P. Increasing Returns and Long-Run Growth［J］. Journal of Political Economy, 1986, 94: 1002-1037.

［43］ Rosenberg N. 探索黑箱［M］. 王文勇, 吕睿, 译. 北京: 商务印书馆, 2004.

［44］ Schmookler J. Invention and Economic Growth［M］. Cambridge: Harvard University Press, 1966.

［45］ Serrano V, Fischer T. Collaborative Innovation Ubiquitous Systems［J］. International Manufacturing, 2007 (18): 599-615.

［46］ Sharif M N. Technological Innovation Governance for Winning the Future［J］. Technological Forecasting and Social Change, 2012,79(3):595-604.

［47］ Shih S C, Rivers P A, Hsu H Y S. Strategic Information Technology Alliances for Effective Health-Care Supply Chain Management［J］. Health Services Management Research, 2009,22(3):140-150.

［48］ Suetens S. R&D Cooperation and Strategic Decision-Making in Oligopoly: An Experimental Economics Approach［J］. Experimental Economics, 2006,9(2): 175-176.

［49］［美］Utterback J M. 把握创新［M］. 高建, 译. 北京: 清华大学出版社,1999.

［50］ U. S. Congress Office of Technology Assessment. Assessing the Potential for Civil-military Integration: Technologies, Processes and Practices［R］. U. S. Government Printing Office, 1994.

［51］［美］Victor W. Hwang, Greg Horowitt, 硅谷生态圈: 创新的雨林法则［M］. 诸葛越, 等译. 北京: 机械工业出版社,2015.

［52］ Vonortas N S. Cooperative Research in R&D Intensive Industries［M］. Aldershot: Avebury, 1991.

［53］ Von Schomberg R. A Vision of Responsible Research and Innovation［J］. Responsible Innovation: Managing the Responsible Emergence of Science and Innovation in Society, 2013(6):51-74.

［54］ V. 布什等. 科学: 无止境的前沿［M］. 范岱年, 谢道华, 等译. 北京: 商务印书馆,2004.

［55］ Walsh K. Competitive Response Patterns in the Funding of High Performance Computing"［C］. IGCC Conference on Comparing High Performance Computing in the US and China, University of California, San Diego, California, 2014.

［56］ Wang Z. Knowledge Integration in Collaborative Innovation and Self-Organizing Model[J] . International Journal of Information Technology and Decision Making,2012,11(2):427-440.

[57] Walsh K. Competitive Response Patterns in the Funding of High Performance Computing [C] . IGCC Conference on Comparing High Performence Computing in the U. S. and China, University of California, San Diego, California, 2014.

[58] Wu D Y. Study on Multinational Strategic Alliance's Mechanism Based on Global Learning Effect[J]. SoftScience, 2004 (1): 81-84.

[59] Zhang Changzheng, Kong Jin. Effect of Equity in Education on the Quality of Economic Growth: Evidence from China [J]. International Journal of Human Sciences,2010,7(1):47.

[60] 埃里克·S. 赖纳特. 穷国的国富论 [M]. 贾根良，王中华，等译. 北京：高等教育出版社,2007：158-182.

[61] 艾米·C. 埃德蒙森. 协同：在知识经济中组织如何学习、创新与竞争 [M]. 韩璐，译. 北京：电子工业出版社,2019：34-40.

[62] 巴曙松，谌鹏，梁新宁，等. 粤港澳大湾区协同创新机制研究：基于自由贸易组合港模式 [M]. 厦门：厦门大学出版社，2019.

[63] 白俊红，蒋伏心. 协同创新、空间关联与区域创新绩效 [J]. 经济研究，2015,50(7):174-187.

[64] 保罗·斯威齐. 资本主义发展论 [M]. 陈观烈，秦亚男，译. 北京：商务印书馆,1997.

[65] 北斗三号全球卫星导航系统有多少成员？我国的北斗产业体系有多大？[EB/OL]. (2022-08-01). https://m. gmw. cn/baijia/2022-08/01/1303069348. html.

[66] 蔡跃洲. 中国共产党领导的科技创新治理及其数字化转型：数据驱动的新型举国体制构建完善视角 [J]. 管理世界，2021,37(8):30-45.

[67] http://science. cankaoxiaoxi. com/2014/1116/565463_4. shtml.

[68] http://www. cetin. net. cn/gcw/index. php? m = content&c = index&a = show&catid = 9&id = 9004.

[69] 曹颢，尤建新，卢锐，等. 我国科技金融发展指数实证研究 [J]. 中国管理科学，2011,19(3):134-140.

[70] 曾婧婧，钟书华. 省部科技合作：从国家科技管理迈向"国家—区域"科技治理 [J]. 科学学研究，2009(7):1020-1026.

[71] 钞小静，惠康. 中国经济增长质量的测度 [J]. 数量经济技术经济研究，2009,26(6):75-86.

[72] 钞小静，任保平. 中国经济增长质量的时序变化与地区差异分析 [J].

经济研究，2011,46(4):26-40.

[73] 陈春阳. 军民融合协同创新能力评价体系研究 [D]. 绵阳：西南科技大学硕士论文，2014：24-30.

[74] 陈浩，项杨雪，陈劲，等. 基于知识三角的区域协同创新联盟探索与实践：以欧洲创新工学院 KICs 模式为例 [J]. 科技进步与对策，2013,30(17)：34-38.

[75] 陈劲. 协同创新 [M]. 浙江大学出版社，2012.

[76] 陈劲，阳银娟. 协同创新的理论基础与内涵 [J]. 科学学研究，2012,30(2):161-164.

[77] 陈丽娜，张勇. 成德绵一体化发展中的军民融合协同创新理论模型 [J]. 经济体制改革，2017(2):57-61.

[78] 陈柳钦. 国内外关于产业集群技术创新环境研究综述 [J]. 贵州师范大学学报(社会科学版)，2007(5):6-15.

[79] 陈清萍. 科技进步、协同创新与长三角制造业高质量发展 [J]. 江淮论坛，2020(2):103-112.

[80] 陈诗一，陈登科. 雾霾污染、政府治理与经济高质量发展 [J]. 经济研究，2018(2):20-34.

[81] 陈套. 从科技管理到创新治理的嬗变：内涵、模式和路径选择 [J]. 西北工业大学学报(社会科学版)，2015,35(3):1-6.

[82] 陈喜乐，朱本用. 近十年国外科技治理研究述评 [J]. 科技进步与对策，2016,33(10):148-153.

[83] 陈晓和，周可. 中国军民融合区域创新效率及影响因素分析：基于民参军角度的随机前沿面板数据模型 [J]. 上海经济研究，2019(9):69-79.

[84] 程虹，李清泉. 我国区域总体质量指数模型体系与测评研究 [J]. 管理世界，2009(1):2-9.

[85] 崔泽田. 马克思创新思想及其当代发展研究 [D]. 辽宁：东北大学，2012.

[86] 代应，孙国钊，宋寒. 军民融合协同创新发展现状及对策研究 [J]. 重庆理工大学学报(社会科)，2017,31(6):64-70.

[87] 淡晶晶，徐隆波，莫磊，等. 大科学工程牵引下的军民融合协同创新机制分析：以高功率巨型激光驱动装置为例 [J]. 工程研究：跨学科视野中的工程，2019,11(1):40-48.

[88] 《当代中国》丛书编辑部. 当代中国的核工业 [M]. 北京：中国社会科学出版社,1987.

［89］邸泽．区域技术创新与战略性新兴产业成长耦合发展研究：以电子信息产业为例［D］．太原：太原科技大学，2013.

［90］樊治平，冯博，俞竹超．知识协同的发展及研究展望［J］．科学学与科学技术管理，2007,28(11)：85-91.

［91］范红忠．有效需求规模假说、研发投入与国家自主创新能力［J］．经济研究，2007(3)：33-44.

［92］方炜，王婵，李正锋．演化博弈视角下军民融合协同创新合作稳定性分析［J］．运筹与管理，2019,28(9)：15-26.

［93］房汉廷．关于科技金融理论、实践与政策的思考［J］．中国科技论坛，2010(11)：5-10,23.

［94］冯伟波，周源，周羽．开放式创新视角下美国国家实验室大型科研基础设施共享机制研究［J］．科技管理研究，2020,40(1)：1-5.

［95］冯蔚东，陈剑，赵纯均．基于遗传算法的动态联盟伙伴选择过程及优化模型［J］．清华大学学报(自然科学版)，2000(10)：120-124.

［96］高少冲，丁荣贵．首席专家项目匹配度、组织网络特征与协同创新绩效［J］．科学学研究，2018,36(9)：1615-1622.

［97］辜胜阻，曹冬梅，杨嵋．构建粤港澳大湾区创新生态系统的战略思考［J］．中国软科学，2018(4)：1-9.

［98］郭娟．基于自主创新的湖南战略性新兴产业成长机制研究［D］．湘潭：湘潭大学，2011.

［99］国家发展改革委，科技部，工业和信息化部．长江经济带创新驱动产业转型升级方案［EB/OL］．（2016-03-14）．www.most.gov.cn/tztg/201603/t20160314_124683.htm.

［100］国家统计局科技统计司．中国科学技术四十年［M］．北京：中国统计出版社,1990.

［101］国务院办公厅．国家卫星导航产业中长期发展规划［EB/OL].(2013-10-09).http：//www.gov.cn/zwgk/2013-10/09/content_2502356.htm.

［102］韩周．科技中介双重嵌入及其对协同创新网络能力作用机制研究［D］．武汉：武汉理工大学，2016.

［103］郝金磊，尹萌．时空差异视角下我国科技协同创新与经济增长［J］．经济与管理评论，2019(6)：146-158.

［104］郝向举，薛琳．产学研协同创新绩效测度现状及方法改进［J］．科技管理研究，2018,38(11)：1-5.

［105］何虎生．内涵、优势、意义：论新型举国体制的三个维度［J］．人民

论坛，2019(32):56-59.

[106] 何培育，王潇睿.军民融合技术转移的组织与政策制度研究 [J].科技管理研究，2019,39(15):29-36.

[107] 何郁冰.产学研协同创新的理论模式 [J].科学学研究，2012,30(2):165-174.

[108] 和静钧.从"北斗"之路看我国核心技术战略 [J].廉政瞭望，2010.

[109] 贺灵，单汨源，邱建华.创新网络要素及其协同对科技创新绩效的影响研究 [J].管理评论，2012,24(8):58-68.

[110] 贺晓宇，沈坤荣.现代化经济体系、全要素生产率与高质量发展 [J].上海经济研究，2018(6):25-34.

[111] 洪银兴.创新型经济：经济发展的新阶段 [M].北京：经济科学出版社,2010.

[112] 洪银兴.关于创新驱动和协同创新的若干重要概念 [J].经济理论与经济管理，2013(5):5-12.

[113] 洪银兴.论创新驱动经济发展战略 [J].经济学家，2013a(1):5-11.

[114] 侯光文.企业网络对航天产业集群协同创新绩效影响研究[D].陕西：西安理工大学,2019.

[115] 侯鹏,刘思明,建兰宁.创新环境对中国区域创新能力的影响及地区差异研究[J].经济问题探索,2014(11):73-80.

[116] 胡红安，刘丽娟.我国军民融合产业创新协同度实证分析：以航空航天制造产业为例 [J].科技进步与对策，2015,32(3):121-126.

[117] 胡艳，潘婷，张桅.一体化国家战略下长三角城市群协同创新的经济增长效应研究 [J].华东师范大学学报(哲学社会科学版)，2019(5):99-107.

[118] 华坚，胡金昕.中国区域科技创新与经济高质量发展耦合关系评价 [J].科技进步与对策，2019,36(8):19-27.

[119] 黄波，孟卫东，李宇雨.基于双边激励的产学研合作最优利益分配方式 [J].管理科学学报，2011,14(7):31-42.

[120] 黄继忠，冀刚.外部性与产业发展：一个理论分析框架 [J].技术经济与管理研究，2018(2):113-118.

[121] 黄涛.构建新型科技创新举国体制应把握好三个均衡 [N].学习时报，2018-10-31.

[122] 冀丰渊.京津冀协同发展规划纲要 [C]//廊坊市应用经济学会.对接京津：解题京津冀一体化与推动区域经济协同发展(对接京津与环首都沿渤海

第 13 次论坛〔二〕)论文集．廊坊：廊坊市应用经济学会，2016.

[123] 贾康，等．我国科技金融服务体系研究（上）：建设科技型中小企业金融服务体系的政策优化〔M〕．北京：经济科学出版社，2015.

[124] 解学梅．都市圈城际技术创新"孤岛效应"机理研究〔J〕．科学学与科学技术管理，2010b，31（10）：78-83.

[125] 解学梅．中小企业协同创新网络与创新绩效的实证研究〔J〕．管理科学学报，2010a，13（8）：51-64.

[126] 解学梅，曾赛星．创新集群跨区域协同创新网络研究述评〔J〕．研究与发展管理，2009，21（1）：9-17.

[127] 解学梅，吴永慧，赵杨．协同创新影响因素与协同模式对创新绩效的影响：基于长三角 316 家中小企业的实证研究〔J〕．管理评论，2015，27（8）：77-89.

[128] 解学梅，徐茂元．协同创新机制、协同创新氛围与创新绩效：以协同网络为中介变量〔J〕．科研管理，2014，35（12）：9-16.

[129] 金碚．关于"高质量发展"的经济学研究〔J〕．中国工业经济，2018（4）：5-18.

[130] 卡萝塔·佩蕾丝．技术革命与金融资本：泡沫与黄金时代的动力学〔M〕．田方萌，等译．北京：中国人民大学出版社，2007.

[131] 科技部、发展改革委、财政部．国家重大科研基础设施和大型科研仪器开放共享管理办法》〔EB/OL〕．（2017-09-22）．www. most. gov. cn/mostinfo/xinxifenlei/fgzc/gfxwj/gfxwj2017/201709/t20170922_135054. htm.

[132] 科技部火炬高技术产业开发中心，中科院科技战略咨询研究院中国高新区研究中心．国家高新区创新能力评价报告：2017〔M〕．北京：科学技术文献出版社，2018.

[133] 李柏洲，罗小芳．企业原始创新中学研合作伙伴的选择：基于影响因素及其作用路径视角的分析〔J〕．科学学研究，2013（3）：437-445.

[134] 李金昌，史龙梅，徐蔼婷．高质量发展评价指标体系探讨〔J〕．统计研究，2019（1）：4-14.

[135] 李娟娟．战略性新兴产业成长中的产学研联盟创新研究〔D〕．金华：浙江师范大学，2013.

[136] 李林，范方方，刘绍鹤．协同创新项目多阶段动态利益分配模型研究〔J〕．科技进步与对策，2017，34（3）：14-19.

[137] 李林，刘志华，王雨婧．区域科技协同创新绩效评价〔J〕．系统管理学报，2015，24（4）：563-568.

［138］李林，袭勇．攻关项目协同创新绩效评价指标体系设计及应用研究［J］．科技进步与对策，2014,31(1):123-129.

［139］李璐，梁星．军民融合发展历史经验研究［M］．北京：中国财政经济出版社,2019.

［140］李梦欣，任保平．新时代中国高质量发展指数的构建、测度及综合评价［J］．中国经济报告，2019(5):49-57.

［141］李平，付一夫，张艳芳．生产性服务业能成为中国经济高质量增长新动能吗［J］．中国工业经济，2017(12):5-21.

［142］李霞，宋素玲，穆喜产．协同创新的风险分摊与利益分配问题研究［J］．科技进步与对策，2008(12):15-17.

［143］李信儒，冯军红，李林．协同创新项目的动态利益分配方法［J］．科技管理研究，2017,37(17):206-212.

［144］李一然．协同创新的金融支持研究［D］．上海：上海交通大学，2015.

［145］李银伟．产业集群协同创新的融资支持研究［J］．现代管理科学，2014(5):92-94.

［146］李元旭，曾铖．政府规模、技术创新与高质量发展：基于企业家精神的中介作用研究［J］．复旦学报(社会科学版)，2019,61(3):155-166.

［147］李泽霞，魏韧，曾钢，等．重大科技基础设施领域发展动态与趋势［J］．世界科技研究与发展，2019,41(3):221-230.

［148］李哲，苏楠．社会主义市场经济条件下科技创新的新型举国体制研究［J］．中国科技论坛，2014(4):5-10.

［149］李治，葛林楠．国防科大成功研制北斗高性能多频多模基带芯片［N］．科技日报，2015-05-26.

［150］林建华，李攀．新型举国体制"新"在何处［N］．北京日报，2019-07-23(6)．

［151］林润辉，谢宗晓，丘东，等．协同创新网络、法人资格与创新绩效：基于国家工程技术研究中心的实证研究［J］．中国软科学，2014(10):83-96.

［152］林正刚，周碧华．企业战略协同理论国外研究综述［J］．科技管理研究，2011,31(21):189-192.

［153］刘丹，闫长乐．协同创新网络结构与机理研究［J］．管理世界，2013(12):1-4.

［154］刘刚．政府主导的协同创新陷阱及其演化：基于中国电动汽车产业发展的经验研究［J］．南开学报(哲学社会科学版)，2013(2):150-160.

[155] 刘国巍,邵云飞.产业链创新视角下战略性新兴产业合作网络演化及协同测度:以新能源汽车产业为例 [J].科学学与科学技术管理,2020,41(8):43-62.

[156] 刘海英.中国经济增长质量研究 [D].长春:吉林大学,2005.

[157] 刘海英,张纯洪.中国经济增长质量提高和规模扩张的非一致性实证研究 [J].经济科学,2006(2):13-22.

[158] 刘和东,陈雷."一带一路"省市高新技术产业创新效率研究:基于网络 DEA 的测度方法 [J].技术与创新管理,2019,40(4):399-404.

[159] 刘红玉,彭福扬.马克思创新思想研究述评 [J].马克思主义研究,2009(11):155-158.

[160] 刘戟锋,刘艳琼,谢海燕.两弹一星工程与大科学 [M].济南.山东教育出版社,2004.

[161] 刘思明,张世瑾,朱惠东.国家创新驱动力测度及其经济高质量发展效应研究 [J].数量经济技术经济研究,2019,36(4):3-23.

[162] 刘文革,王文晓.金砖国家创新竞争力比较研究 [C].新兴经济体的长期增长前景与 21 世纪海上丝绸之路建设:中国新兴经济体研究会 2014 年会暨 2014 新兴经济体合作与发展论坛论文集(上),2014:461-470.

[163] 刘艳琼.两弹一星工程的成功经验与启示 [D].长沙:国防科技大学,2002.

[164] 刘益,李垣,杜旖丁.战略联盟模式选择的分析框架:资源、风险与结构模式间关系的概念模型 [J].管理工程学报,2004,18(3):33-37.

[165] 刘勇.利益分配视角下产学研协同创新激励机制 [J].系统管理学报,2016(6):984-992.

[166] 刘友金,易秋平,贺灵.产学研协同创新对地区创新绩效的影响:以长江经济带 11 省市为例 [J].经济地理,2017,37(9):1-10.

[167] 刘志华,李林,姜郁文.我国区域科技协同创新绩效评价模型及实证研究 [J].管理学报,2014,11(6):861-868.

[168] 柳卸林,高雨辰,丁雪辰.寻找创新驱动发展的新理论思维:基于新熊彼特增长理论的思考 [J].管理世界,2017(12):8-19.

[169] 卢周来.从美国的经验看政府在科技创新中的作用 [J].经济导刊,2019(2).

[170] 鲁继通.京津冀区域协同创新能力测度与评价:基于复合系统协同度模型 [J].科技管理研究,2015,35(24):165-170,176.

[171] 陆园园.中外产学研协同创新研究 [M].北京:人民出版社,2017.

[172] 吕海萍,池仁勇,化祥雨.创新资源协同空间联系与区域经济增长:

基于中国省域数据的实证分析 [J]. 地理科学，2017(11):1649-1658.

[173] 吕薇. 探索体现高质量发展的评价指标体系 [J]. 中国人大. 2018 (11):23-24.

[174] 马建光. "两弹一星" 科技精英成才规律探析 [J]. 高等教育研究学报，2002 (4)：70-72, 82.

[175] 马茹，罗晖，王宏伟，等. 中国区域经济高质量发展评价指标体系及测度研究 [J]. 中国软科学，2019(7):60-67.

[176] 马松尧. 科技中介在国家创新系统中的功能及其体系构建 [J]. 中国软科学，2004(1):109-113,120.

[177] 美斥资 4.25 亿美元研发超级计算机旨在赶超中国 [EB/OL]. (2014-11-06) http：//science. cankaoxiaoxi. com/2014/1116/565463_4. shtml.

[178] 美发布国家高性能计算战略[EB/OL]. (2015-08-11). http：//www. cetin. net. cn/gcw/index. php? m＝content&c＝index&a＝show&catid＝9&id＝9004.

[179] 睦纪刚，文皓. 制度优势结合市场机制 探索构建新型举国体制 [N]. 科技日报，2019-05-16.

[180] 倪渊. 核心企业网络能力与集群协同创新：一个具有中介的双调节效应模型 [J]. 管理评论，2019,31(12):85-99.

[181] 农用北斗终端正式进入省级补贴范围[EB/OL]. (2017-05-17). http：//www. sohu. com/a/141246045_ 475389.

[182] 潘泽生，甄树宁. 重大科技基础设施在国家创新体系中的地位与作用 [J]. 中国高校科技，2012(9):28-29.

[183] 祁艳朝，李平，谭思超，等. 高校协同创新组织的绝对考评与相对考评模式研究 [J]. 中国高校师资研究，2013(5):36-39,46.

[184] 前瞻产业研究院. 2019—2024 年中国国家重点实验室建设发展与运行管理模式创新分析报告 [R]. 2018.

[185] 乔玉婷，鲍庆龙，曾立. 军民融合协同创新绩效评估及影响因子研究：以长株潭地区为例 [J]. 科技进步与对策，2015,32(15):120-124.

[186] 乔玉婷，鲍庆龙，李志远. 新常态下军民融合协同创新与战略性新兴产业成长研究：以湖南省为例 [J]. 科技进步与对策，2016,33(9):103-107.

[187] 乔玉婷，黄朝峰，鲍庆龙. 产业技术联盟的运行机制和作用机理研究 [J]. 科学管理研究，2019(4):63-67.

[188] 秦尊文，严飞，刘汉全，等. 长江经济带区域协调发展研究 [M]. 武汉：武汉大学出版社，2019.

[189] 任保平，赵通. 高质量发展的核心要义与政策取向 [J]. 红旗文稿，

2018(13):23-25.

[190] 芮正云,罗瑾琏.捆绑还是协同:创新联盟粘性对企业间合作绩效的影响:表达型与工具型关系契约的作用差异视角 [J].系统管理学报,2019,28(1):1-9.

[191] 山东胶州市北斗应用终端补贴公示 [EB/OL].(2019-01-03).http://www.jiaozhou.gov.cn/n1822/n2112/n2113/n2116/190103085654405032.html.

[192] 申绪湘,韩永辉.产学研合作对湖南省区域经济增长影响的实证分析:基于非参数方法 [J].财经理论与实践,2012,33(2):113-116.

[193] 世界银行.1995 年世界发展报告 [M].北京:中国财政经济出版社,1995.

[194] 宋明顺,张霞,易荣华,等.经济发展质量评价体系研究及应用 [J].经济学家,2015(2):35-43.

[195] 眭纪刚.创新发展经济学 [M].北京:科学出版社,2019.

[196] 孙福全.加快实现从科技管理向创新治理转变 [J].科学发展,2014(10):64-67.

[197] 孙健慧.国防工业协同创新系统研究 [D].天津:天津大学,2016.

[198] 孙军.需求因素、技术创新与产业结构演变 [J].南开经济研究,2008(5):58-71.

[199] 孙新波,张大鹏,吴冠霖,等.知识联盟协同创新影响因素与绩效的关系研究 [J].管理学报,2015,12(8):1163-1171.

[200] 唐士亚.中国金融科技治理模式变迁及其逻辑 [J].经济社会体制比较,2022(5):90-99.

[201] 田莉.战略性新兴产业突破性技术创新路径与实现机制研究 [D].哈尔滨:哈尔滨理工大学,2014.

[202] 佟泽华.知识协同及其与相关概念的关系探讨 [J].图书情报工作,2012,56(8):107-112.

[203] 万钢.全面推动产学研合作,加快发展战略性新兴产业 [J].中国科技投资,2011(2):6-8.

[204] 万钢.全球科技创新发展历程和竞争态势 [J].行政管理改革,2016(2):11-16.

[205] 万幼清,邓明然.基于知识视角的产业集群协同创新绩效分析 [J].科学学与科学技术管理,2007(4):88-91.

[206] 万幼清,张妮.我国产业集群协同创新能力评价综述 [J].当代经济管理,2014,36(8):73-78.

[207] 汪澄清. 马克思与熊彼特创新思想之比较 [J]. 马克思主义与现实, 2001(3):42-47.

[208] 汪秀婷. 战略性新兴产业协同创新网络模型及能力动态演化研究 [J]. 中国科技论坛, 2012(11):51-58.

[209] 王帮俊, 赵雷英. 基于扎根理论的产学研协同创新绩效影响因素分析 [J]. 科技管理研究, 2017,37(11):205-210.

[210] 王春晖, 赵伟. 集聚外部性与地区产业升级: 一个区域开放视角的理论模型 [J]. 国际贸易问题, 2014(4):67-77.

[211] 王凤彬, 刘松博. 战略联盟中的风险及其控制: 一种基于资源观的分析 [J]. 管理评论, 2005, 17 (6): 50-54.

[212] 王宏起, 徐玉莲. 科技创新与科技金融协同度模型及其应用研究 [J]. 中国软科学, 2012(6):129-138.

[213] 王慧艳, 李新运, 徐银良. 科技创新驱动我国经济高质量发展绩效评价及影响因素研究 [J]. 经济学家, 2019(11):64-74.

[214] 王鹏, 曾坤. 创新环境因素对区域创新效率影响的空间计量研究 [J]. 贵州财经大学学报, 2015(2):74-83.

[215] 王素莉. "两弹一星" 的战略决策与历史经验 [J]. 中共党史研究, 2001 (4): 55-59.

[216] 王小迪, 徐岩, 任思儒. 企业协同创新研究观点综述 [J]. 经济纵横, 2013(6):117-120.

[217] 王玉梅, 罗公利, 周广菊. 产业技术创新战略联盟网络协同创新要素分析 [J]. 情报杂志, 2013,32(2):201-207.

[218] 维诺德·托马斯, 等. 增长的质量 [M]. 北京: 中国财政经济出版社,2001.

[219] 魏敏, 李书昊. 新时代中国经济高质量发展水平的测度研究 [J]. 数量经济技术经济研究, 2018,35(11):3-20.

[220] 吴金希, 孙蕊, 马蕾. 科技治理体系现代化: 概念、特征与挑战 [J]. 科学学与科学技术管理, 2015,36(8):3-9.

[221] 吴淼, 张晓云, 郝韵. 俄罗斯重大科技基础设施建设状况研究 [J]. 西伯利亚研究, 2015(2):32-39.

[222] 吴荣斌. 科研机构与高校知识创新协同研究 [D]. 武汉: 华中科技大学, 2012.

[223] 吴绍波, 顾新. 战略性新兴产业创新生态系统协同创新的治理模式选择研究 [J]. 研究与发展管理, 2014(26):13-21.

［224］吴翌琳．技术创新与非技术创新的协同发展：中国工业企业协同创新的微观实证［J］．求是学刊，2019,46（1）:89-97.

［225］武汉大学质量发展战略研究院中国质量观测课题组，程虹，李丹丹，等．2012年中国质量发展观测报告［J］．宏观质量研究，2013,1（1）:1-32.

［226］习近平．推动形成优势互补高质量发展的区域经济布局［J］．求是，2019（24）：1-5.

［227］夏太寿，张玉斌，高冉晖，等．我国新型研发机构协同创新模式与机制研究：以苏粤陕6家新型研发机构为例［J］．科技进步与对策，2014,31（14）：13-18.

［228］向国威，钟世虎，谌亭颖，等．分享经济的微观机理研究：新兴古典与新古典［J］．管理世界，2017（8）：170-171.

［229］谢茂松．"中正以观"：举国体制抗疫的政治学分析［J］．东方学刊，2020（8）:23-37.

［230］熊励，孙友霞，蒋定福，等．协同创新研究综述：基于实现途径视角［J］．科技管理研究，2011,31（14）:15-18.

［231］熊勇清．传统企业与战略性新兴产业对接路径与模型［J］．科学学与科学管理研究，2014（9）:107-115.

［232］徐匡迪．创新驱动是实现新常态的关键［N］．中国经济时报，2015-01-26.

［233］徐玉莲，王玉冬，林艳．区域科技创新与科技金融耦合协调度评价研究［J］．科学学与科学技术管理，2011,32（12）:116-122.

［234］许彩侠．区域协同创新机制研究：基于创新驿站的再思考［J］．科研管理，2012,33（5）:19-25,55.

［235］许庆瑞，郑刚，陈劲．全面创新管理：创新管理新范式初探：理论溯源与框架［J］．管理学报，2006（2）:135-142.

［236］许婷婷，吴和成．基于因子分析的江苏省区域创新环境评价与分析［J］．科技进步与对策，2013,30（4）:124-128.

［237］薛桂波，赵一秀．"责任式创新"框架下科技治理范式重构［J］．科技进步与对策，2017,34（11）:1-5.

［238］严雄．产学研协同创新五大问题亟待破解［N］．中国高新技术产业导报，2007-03-19（B06）.

［239］颜鹏飞，汤正仁．新熊彼特理论述评［J］．当代财经，2009（7）：116-122.

［240］杨晓昕，陈波，张涵．军民融合协同创新、空间关联与国防创新绩

效 [J]. 科技进步与对策, 2020,37(9):145-152.

[241] 杨以文, 郑江淮, 任志成. 产学研合作、自主创新与战略性新兴产业发展: 基于长三角企业调研数据的分析 [J]. 经济与管理研究, 2012(10): 64-73.

[242] 杨煜, 张宗庆, 胡汉辉. 区域研发联盟与经济增长方式转变 [J]. 科研管理, 2010(5):1-10.

[243] 姚艳虹, 夏敦. 协同创新动因: 协同剩余: 形成机理与促进策略 [J]. 科技进步与对策, 2013,30(20):1-5.

[244] 叶伟巍, 梅亮, 李文, 等. 协同创新的动态机制与激励政策: 基于复杂系统理论视角 [J]. 管理世界, 2014(6):79-91.

[245] 易高峰, 邹晓东. 面向战略性新兴产业的高端产学研用合作平台研究 [J]. 科技进步与对策, 2012(11):79-83.

[246] 殷醒民. 高质量发展指标体系的五个维度 [N]. 文汇报, 2018-02-06 (12).

[247] 游光荣, 柳卸林. 自主创新的内涵与类型 [J]. 国防科技, 2007(3): 23-25.

[248] 于明洁, 郭鹏, 贾颖颖. 区域创新环境与创新产出协调发展研究 [J]. 情报杂志, 2012,31(4):196-201.

[249] 俞可平. 国家治理体系的内涵本质 [J]. 理论导报, 2014(4):15-16.

[250] 俞立平, 钟昌标. 高技术产业自主研发与协同创新协调发展研究 [M]. 何畏, 易家洋, 张军扩, 等译. 北京: 经济科学出版社,2016.

[251] [美] 约瑟夫·熊彼特. 经济发展理论 [M]. 何畏, 易家洋, 张军扩, 等译, 北京: 商务印书馆, 1990.

[252] 曾婧婧, 钟书华. 论科技治理工具 [J]. 科学学研究, 2011, 29 (6): 801-807.

[253] 湛泳, 唐世一. 军工企业产学研创新系统协同发展实证分析: 基于复合系统协同度模型 [J]. 产业组织评论, 2019,13(1):107-122.

[254] 张帆, 曾力宁, 黄朝峰. 金融支持国防知识产权成果转化问题及策略研究 [J]. 科技进步与对策, 2020,37(9):138-144.

[255] 张国军. 企业核心竞争力的构建与扩散: 一种战略协同的过程 [J]. 经济管理, 2001(20):26-31.

[256] 张韩珺, 葛佳, 郭冰沁. 关于科技金融理论、实践与政策的思考 [J]. 中国集体经济, 2022(22):112-114.

[257] 张敬文, 李一卿, 陈建. 战略性新兴产业集群创新网络协同创新绩效

实证研究［J］. 宏观经济研究，2018(9)：109-122.

［258］张力. 产学研协同创新的战略意义和政策走向［J］. 教育研究，2011(7)：18-21.

［259］张楠. 风险投资集群与战略性新兴产业集群协同发展研究［D］. 重庆：重庆工商大学，2019.

［260］张妮. 产业集群协同创新的金融支持效率研究［D］. 武汉：武汉理工大学，2016.

［261］张琼瑜. 高新技术产业集群协同创新网络与创新绩效研究［D］. 无锡：江南大学，2012.

［262］张仁开. 从科技管理到创新治理：全球科技创新中心的制度建构［J］. 上海城市规划，2016(6)：46-50.

［263］张铁男，张亚娟，韩兵. 基于系统科学的企业战略协同机制研究［J］. 科学学与科学技术管理，2009,30(12)：140-147.

［264］张新民. 社会网络、组织协同与价值创造：基于组织间制度距离的视角［J］. 天津商业大学学报，2012,32(5)：9-14.

［265］张义芳. 国家科技重大专项的跨部门协调：美国经验及对我国的启示［J］. 中国科技论坛，2014b(7)：21-25.

［266］张义芳. 民口科技重大专项管理需求与管理体制探析［J］. 科技管理研究，2014a,34(4)：195-198.

［267］张玉喜，赵丽丽. 中国科技金融投入对科技创新的作用效果：基于静态和动态面板数据模型的实证研究［J］. 科学学研究，2015,33(2)：177-184,214.

［268］张月友，董启昌，倪敏. 服务业发展与"结构性"减速辨析：兼论建设高质量发展的现代化经济体系［J］. 经济学动态，2018(2)：23-35.

［269］张云泉. 中国超算"暂时有劲使不上"，怎么破［N］. 环球时报，2018-07-02（014）.

［270］张哲. 基于产业集群理论的企业协同创新系统研究［D］. 天津：天津大学，2008.

［271］张忠寿，高鹏. 科技金融生态系统协同创新及利益分配机制研究［J］. 宏观经济研究，2019(9)：47-57,66.

［272］赵昌文，陈春发，唐英凯. 科技金融［M］. 北京：科学出版社,2009.

［273］赵鸿程，林炳华，陈一琳. 中国科技金融效率的时空分异及其影响因素：基于非期望产出视角的分析［J］. 金融与经济，2020(12)：49-55.

［274］赵黎明，孙健慧，张海波．基于微分博弈的军民融合协同创新体系技术共享行为研究［J］．管理工程学报，2017,31(3):183-191.

［275］赵玲，周恺秉，贺小海．我国科技金融体系构建研究：以杭州为例［M］．杭州：浙江大学出版社，2018.

［276］赵彦飞，陈凯华，李雨晨．创新环境评估研究综述：概念、指标与方法［J］．科学学与科学技术管理，2019,40(1):89-99.

［277］赵英才，张纯洪，刘海英．转轨以来中国经济增长质量的综合评价研究［J］．吉林大学社会科学学报，2006(3):27-35.

［278］赵增耀，章小波，沈能．区域协同创新效率的多维溢出效应［J］．中国工业经济，2015(1):32-44.

［279］赵志耘，李芳．新时代中国特色科技治理理论蕴含［J］．中国软科学，2023(3):1-15.

［280］肇启伟，付剑峰，刘洪江．科技金融中的关键问题：中国科技金融2014年会综述［J］．管理世界，2015(3):164-167.

［281］郑宁，王冰，党岗．广州超级计算中心应能发展分析［J］．计算机工程与科学，2013(11):187-190.

［282］郑玉歆．全要素生产率的再认识：用TFP分析经济增长质量存在的若干局限［J］．数量经济技术经济研究，2007(9):3-11.

［283］中共中央，国务院．长江三角洲区域一体化发展规划纲要［EB/OL］．(2019-12-01)．http://www.gov.cn/zhengce/2019-12/01/content_5457442.htm? td-sourcetag=s_pcqq_aiomsg.

［284］中共中央文献研究室．习近平关于科技创新论述摘编［M］．北京：中央文献出版社,2016.

［285］《中国北斗卫星导航系统》白皮书［EB/OL］．(2016-06-16)．http://www.scio.gov.cn/zfbps/ndhf/34120/Document/1480602/1480602.htm.

［286］中国科技发展战略研究小组．中国区域创新能力评价报告2016［M］．北京：科学技术文献出版社,2016.

［287］中国科学技术发展战略研究院．国家创新指数报告2016—2017［M］．北京：科学技术文献出版社,2017.

［288］中国科学技术发展战略研究院课题组，孙福全．国内外科技治理比较研究［J］．科学发展，2017(6):34-44.

［289］中国卫星导航系统管理办公室．北斗卫星导航系统发展报告3.0版［EB/OL］．http://www.beidou.gov.cn/xt/gfxz/201812/P020181227529525428336.pdf.

［290］钟荣丙．战略性新兴产业协同创新的组织模式研究：基于长株潭城市

群的实证分析［J］.改革与战略，2013(2):114-118.

［291］钟书华.论科技举国体制［J］.科学学研究，2009（12）：1785-1792.

［292］周海鹏，李媛媛.区域金融协同创新测度与分析：以京津冀为例［J］.天津大学学报(社会科学版)，2016,18(3):237-242.

［293］周开国，卢允之，杨海生.融资约束、创新能力与企业协同创新［J］.经济研究，2017(7):94-108.

［294］周小累，陈勇，蔡渭滨.军民融合，国防科大富国强军双翼飞［N］.湖南日报，2012-09-18.

［295］周振华.产业结构优化论［M］.上海：上海人民出版社，1992.

［296］朱启贵.建立推动高质量发展的指标体系［N］.文汇报，2018-02-06（12）.

后 记

本书是我工作十年多的一个阶段性总结。2012 年，刚毕业参加工作的我思考探索未来研究方向，内心一直有一个声音，那就是学术研究一定要直面国防和经济建设需要，而最直接和现实的需要就是服务学校的需求。彼时，学校与地方政府深化合作，共建协同创新和成果转化平台，陆续成立了湖南省产业技术协同创新研究院、天津滨海新区军民融合创新研究院、吕梁军民融合协同创新研究院等机构。高科技协同创新实践如火如荼地发展呼唤理论的思考和突破。这极大地影响着我把研究方向定在高科技协同创新领域，并相继得到学校预研课题、湖南省社会科学基金、国家社会科学基金青年项目等的立项支持。随着课题研究的深入，围绕高科技协同创新的研究已初成体系。

付梓之际，衷心地感谢引导我、帮助我、鼓励我的恩师、领导、同事和家人。衷心感谢我的硕士研究生导师周建设教授，周老师"不谋全局，不足谋一域；不谋万世，不足谋一时"的思维高度、深厚的理论功底、宽阔的学术眼界让我钦佩不已。退休后，周老师对生活的热爱和洒脱让我羡慕不已。高山仰止，心向往之。衷心感谢我的博士研究生导师曾立教授，工作后每遇疑难向老师求教时，曾老师的指导总让我有拨云见日之感。从对原概念"创新"的理解到本书的总体架构，曾老师给出了宝贵的指导意见。惊叹老师一直保持非常高的学术敏感度、思考深度，身处学术界，我与产业界和媒体联络颇多，曾老师经世致用的治学理念、严谨求实的治学态度、奋力向前的拼搏精神是我必须学习的。

衷心感谢各级领导对我工作的指导！感谢同事们对我的指导帮助！感谢四川省发展和改革委员会经济与国防协调发展处杨颖珂、中国物理研究院成都科学技术发展中心杨华在调研中给予的大力支持！感谢经济管理出版社王光艳老师耐心细致的编辑工作！感谢硕士研究生封常凯、郭嘉怡承担了部分协调性工作。

本书在写作过程中参考和引用了国内外许多学者的观点和论著，已尽可能地在文中标注，在此表示深深感谢！如有遗漏，敬请见谅！一路走来，要感谢的人太多而难免有疏漏，在此向所有帮助我的人表达诚挚的谢意！